La Santé

ce mal nécessaire

Du même auteur aux Éditions Québec Amérique

Les maladies malignes du sang, Montréal, 1994. (épuisé)
Survivre à la leucémie, Montréal, 1997.
24 heures à l'urgence, Montréal, 1999.

Dr Robert Patenaude

La Santé
ce mal nécessaire

QUÉBEC AMÉRIQUE

Données de catalogage avant publication (Canada)

Patenaude, Robert
  La Santé, ce mal nécessaire

  ISBN 2-7644-0264-3
1. Urgences médicales, Services des - Québec (Province).
2. Hôpitaux - Québec (Province) - Services des urgences.
3. Santé, Services de - Québec (Province). 4. Soins médicaux - Québec (Province).
I. Titre. II. Titre : Vingt-quatre heures à l'urgence.

Le Conseil des Arts | The Canada Council
du Canada | for the Arts

Nous reconnaissons l'aide financière du gouvernement du Canada par l'entremise du Programme d'aide au développement de l'industrie de l'édition (PADIÉ) pour nos activités d'édition.

Gouvernement du Québec – Programme de crédit d'impôt pour l'édition de livres – Gestion SODEC.

Les Éditions Québec Amérique bénéficient du programme de subvention globale du Conseil des Arts du Canada. Elles tiennent également à remercier la SODEC pour son appui financier.

Québec Amérique
329, rue de la Commune Ouest, 3ᵉ étage
Montréal (Québec) Canada H2Y 2E1
Téléphone : (514) 499-3000, télécopieur : (514) 499-3010

Dépôt légal : 3ᵉ trimestre 2003
Bibliothèque nationale du Québec
Bibliothèque nationale du Canada

Mise en pages : André Vallée et Régis Normandeau
Révision linguistique : Andrée Laprise

Si l'on bâtissait la maison du bonheur,
la plus grande pièce serait la salle d'attente.

Jules Renard

NOTE

Tous les faits rapportés dans ce livre s'inspirent de faits vécus. Par souci et parfois par obligation à la confidentialité, j'ai pris soin de changer le nom ou le sexe des personnes concernées. De plus, aucun des cas cités n'est survenu au centre hospitalier où je pratique présentement.

À ma sœur Diane et à Réal, son compagnon,
qui, même dans la pauvreté, même atteints de maladie
mentale, ont su aider plus démunis qu'eux...

Table des matières

Préface

Le livre du Dr Patenaude aurait pu s'intituler *Toubib or not Toubib* comme le titre d'un de ses chapitres. Voilà la question, disait Shakespeare. Dans ce quatrième ouvrage chez Québec Amérique, il y raconte les hauts et les bas, non pas d'une diva, mais d'un médecin qui promène son baluchon dans les urgences d'hôpitaux de la grande ville à ceux des régions depuis seize ans. Soigner les grands malades et les grands blessés, il connaît; mais il voit aussi ceux et celles qui consultent pour des peccadilles ou qui tentent de profiter du système. Comme médecins, quand on n'a pas les moyens de traiter rapidement et efficacement nos malades en raison du manque de personnel et d'équipement adéquats, après un certain temps, la moutarde nous monte au nez.

Malheureusement, peu de médecins osent dire ou écrire ce qui se passe vraiment dans notre «plusse» beau système de santé, pour employer une expression qui revient souvent dans le volume.

À partir de faits vécus, le Dr Patenaude décrit la bureaucratisation du système, la «comitite» à outrance, la médecine à deux vitesses, qui est déjà là depuis un bon bout de temps, et un système de santé géré de loin par des gens qui n'ont jamais fréquenté les hôpitaux ni jamais été malades. «Comment le malade peut-il se plaindre quand il est devenu un bénéficiaire, l'aveugle un non-voyant, le sourd un malentendant?» comme l'écrivait Fernand Seguin il y a plusieurs années. Bien plus, nous sommes tous devenus des «bébéfi-ciaires» qui bénéficient pleinement du désolant spectacle de la remarquable inefficacité de notre système de santé. Ce n'est pas la qualité des soignants qui est en cause, c'est l'accessibilité aux soins.

Tout au long de l'ouvrage, les cas défilent, la misère côtoyant la richesse, les malades sympathiques les gens les plus détestables. En tant que cliniciens, il faut tous les voir et se retenir parfois de ne pas frapper quelqu'un. C'est aussi cela : *Toubib or not Toubib*.

Plus loin, l'auteur devient encore plus intime en nous parlant de sa sœur Diane, schizophrène qui s'est suicidée en se jetant du pont Jacques-Cartier. Ici aussi, il lui faut du courage pour parler de l'autre, de sa sœur, malade mentale en plus, une femme généreuse qui lui a sauvé la vie en acceptant de collaborer à une greffe osseuse, greffe qui devait guérir le Dr Patenaude d'une leucémie qui s'annonçait fatale. Encore ici, l'auteur défie les mythes et les tabous et nous fait partager une partie encore plus intime de sa vie.

Enfin, sous le titre «Rapport Patenaude», il nous propose quelques solutions aux innombrables problèmes du système de santé québécois. On y retrouve des solutions qui viennent de la base, d'une personne sur le terrain, et qui n'ont rien coûté aux contribuable; contrairement aux nombreuses études gouvernementales sur le système de santé, tant au provincial qu'au fédéral. Les douze recommandations «Patenaude» corroborent en bonne partie les recommanda-tions du Collège des médecins du Québec inscrites dans son rapport sur la réorganisation des services médicaux publié il y a plus d'un an. Souhaitons que les politiciens (et les syndicats) commencent enfin à comprendre qu'on ne peut plus tout avoir et qu'il faut faire les choses différemment. Ils devraient eux aussi lire cet ouvrage.

Je souhaite que ce volume, rédigé par un homme de terrain, serve non seulement à alerter la population, mais aussi à trouver des solutions pratiques pour améliorer notre système de santé. Il faudrait enfin que d'autres Robert Patenaude réveillent les gens, que ces derniers soient des patients ou des politiciens.

Dr Yves Lamontagne,
Président du Collège des médecins du Québec

À l'urgence

1

Mourir gelé

Vendredi, 7 heures

Dix centimètres de nouvelle neige, le mercure frôle les -20 °C. Quelques minutes embellie par toute cette blancheur, la ville ne tardera pas à recouvrer les couleurs *sales et transversales* habituelles de l'hiver urbain.

Congestion normale sur le pont Jacques-Cartier, vaste parking où des gens stressés font la gueule et la queue avec une semblable détermination agressive : bras, poings et index s'agitent dans le traditionnel sémaphore du banlieusard frustré.

Tout en bas, bien plus zen, le fleuve sue sous la poussée laborieuse de quelques rares et téméraires cargos surchargés de milliers de caissons de jouets chinois, de radios coréennes, de robes taiwannaises et de clandestins asphyxiés, gelés, en fuite de pays où la production nationale exportable se calcule aussi bien en nombre de réfugiés qu'en barils de pétrole brut ou qu'en tonnes de minerais rares.

À la radio, un animateur invariablement guilleret, peu importe la nature de la nouvelle, nous apprend, presque gloussant, que le gouvernement du Québec a stocké 750 millions de dollars dans un compte en banque à Toronto. L'argent, qui proviendrait d'un généreux transfert du fédéral, serait bientôt «injecté» dans le réseau de la santé, enième injection à ce célèbre patient, résidant permanent aux soins palliatifs de la Belle Province.

Puis, toujours sur le même ton désinvolte, plus propice au *top ten* qu'aux faits divers, l'animateur nous informe de la mort d'un sans-abri du centre-ville, retrouvé gelé sur un banc public par un préposé au déneigement matinal. Doué d'un remarquable sens de l'observation, le subtil témoin raconte : «Je voulais me reposer un peu, m'asseoir et fumer une cigarette... puis, un coup assis sur le banc, j'ai senti une forme bizarre sous mes fesses... puis là... j'ai découvert le gars...»

Après cet éclairant témoignage, topo de quatre minutes sur le problème, non moins récurrent, des sans-abri et de l'absence de logements sociaux. Bouleversante nouvelle, tout aussi novatrice que celle d'injection d'argent «neuf» : le maire va se «pencher sur la question et CRÉER UN COMITÉ».

Le traditionnel refrain ne serait pas complet sans une balle courbe lancée par le maire au ministère de la Santé : fermetures de lits, désinstitutionnalisation agressive, augmentation caractéristique de la population des sans-abri, débordement des centres d'aide et d'accueil, exhibition publique de la maladie mentale... Bref, «c'est l'image même de la ville qui est en cause...» et tout ça, à cause de l'AUTRE, le provincial, qui lui-même ne tardera à lancer, à son tour, sa balle glissante à l'AUTRE «AUTRE» : le fédéral, qui lui-même... etc.

Et finalement, à l'animateur éveillé et perspicace qui le questionne sur la récente destruction d'une dizaine d'abris de fortune cartonnés construits par des sans-abri sous un pont, le premier citoyen rétorquera, avec une implacable logique : «Les risques de feu étaient grands, il fallait protéger ces gens contre eux-mêmes.» En termes plus clairs, valait mieux qu'ils crèvent gelés que calcinés... sans compter que le cadavre d'aujourd'hui a fort probablement été victime d'une intoxication alcoolique plutôt que du gel nocturne. Enfin, « il y aura autopsie et les résultats de l'enquête seront connus dans quelques mois... ».

La sempiternelle politique de l'autruche fait maintenant place à celle de l'oubli. Et ce type particulièrement sinistre d'amnésie prend de plus en plus la forme du COMITÉ D'ÉTUDE. Gageons que celui-ci fera un petit détour par New York pour étudier la solution miracle mise en place dans la métropole américaine : une loi interdisant les sans-abri, criminalisant la pauvreté et ayant comme centre d'accueil hautement sophistiqué une prison flottante sur le fleuve Hudson.

Désinformation et manipulation statistique : baisse de la criminalité et de la pauvreté, amélioration du tissu urbain, accroissement de la qualité de vie... et un maire qui sera tout de même élu personnalité de l'année, à la suite des événements du 11 septembre.

Il aura suffi d'un seul cadavre sur un banc public pour provoquer quelques trémoussements médiatiques et des déclarations de bonnes intentions par les autorités concernées. Pourtant, chaque mois, une douzaine de ses semblables, intoxiqués, gelés, terrassés par une pneumonie ou un arrêt cardiaque, crèvent dans un corridor de l'urgence. Personne ne s'en étonne, personne n'en parle, personne ne revendique quoi que ce soit en leur nom.

Ma grand-mère avait raison : la neige ne reste jamais bien longtemps immaculée dans une grande ville ; étonnamment, c'est le jour qu'elle revêt les tristes couleurs de la nuit.

2

Le corridor

Vendredi, 8 heures

À l'urgence, ce doit être l'habituel débordement : taux d'occupation deux fois plus élevé que notre capacité d'accueil, 75 « bénéficiaires » attendent une hospitalisation ou une simple évaluation de leur état, une vingtaine de « clients » sont entassés depuis plus de 48 heures sous un éclairage inadéquat qui, à lui seul, leur donne le teint de l'emploi. Le corridor : un arrêt obligé, un stage au purgatoire avant l'admission au paradis des soins... ou un retour à l'enfer de l'attente et de l'incertitude.

Dans l'antichambre de la guérison : va-et-vient incessant, continuel vacarme des voix et des ambulances, courants d'air glacial et effluves de diesel et d'huile brûlés par les véhicules d'urgence qui débarquent presque leurs voyageurs à la porte du couloir, impressionnant slalom des préposés et des médecins sur des pistes encombrées de tiges à solutés, de tables à roulettes et de sacs multicolores (les bleus pour le linge, les jaunes pour la literie souillée, les verts pour les autres détritus). Et, à l'arrière-plan, ce que je me contenterai d'appeler la rumeur discrète des corps...

Puis ce sera le triage, selon le coefficient de gravité des symptômes, un peu comme les œufs (les petits cas, les moyens, les gros...), mais selon une échelle de 1 à 5. Les « classe 1 » sont bien plus près du paradis (souvent même dans le sens littéral), les « classe 5 » sont d'office condamnés à de très longues heures d'attente avant même d'avoir droit à une évaluation. Il arrive même souvent que des cas arrivés sur civière, mais évalués « non urgents », doivent retournés sur leurs deux pieds vers la salle d'attente... immense frustration pour qui croyait que l'arrivée en ambulance garantissait l'accélération du processus.

« Le Canadien a encore perdu hier soir... » Avec une telle nouvelle presque hurlée par un animateur au bord de l'indignation absolue, je me doutais bien, dès le réveil, que la fin de cette semaine serait une calamité.

« N'est-ce pas scandaleux, chers auditeurs, qu'un joueur ordinaire de la Ligue nationale récolte en une seule semaine le salaire moyen annuel d'un médecin québécois ? » Pas si mal, tout compte fait, cet animateur... Mince consolation pourtant, compte tenu du travail qui m'attend. Et j'ai déjà trente minutes de retard à récupérer. Et le téléphone qui sonne. Si au moins c'était Marie-Michelle pour me parler de son projet d'escalade du mont Albert le jour même de Noël. Mais c'est la voix de ma mère qui, une fois de plus, s'étonne que je sois sur mon départ pour l'hôpital :

— Avec des horaires de fou de même, pas étonnant que tu te trouves pas de blonde !

Je souris pour moi seul en pensant à Marie-Michelle et au sommet du mont Albert. Ma mère me sort de ma rêverie en m'annonçant que Gogosse a de nouveau été hospitalisé aux soins palliatifs de Saint-Christophe.

— C'est son cancer du foie. Il souffre beaucoup, paraît-il. On lui donne de la morphine.

Réal, alias Gogosse, avait été le conjoint de ma sœur Diane qui s'est suicidée il y a maintenant six ans, déjà six ans. Puisque mon horaire ne me permet pas de lui rendre visite aujourd'hui, ma sœur Line passera le réconforter. Quant à ma mère, elle se promet bien de lui apporter un bon repas de Noël.

— N'oublie pas qu'on réveillonne chez Line, cette année...

Bien sûr que j'avais presque oublié... les cadeaux à acheter pour Amélie et Emmanuelle, ces belles et grandes adolescentes que sont devenues mes nièces... et le mont Albert dont la silhouette s'évanouit au même rythme que celle de Marie-Michelle...

— Il faut que j'y aille maman, si je suis trop souvent en retard, le boss de l'urgence va me coller une amende de 700 $.

Gérard, mon inénarrable voisin, laisse chauffer depuis vingt minutes son immense camionnette V8.

— Eh Gérard ! Kyoto, ça te dit quelque chose ?

— C'est pas le restaurant chinois du centre d'achat ?

— Non, c'est une ville... au Japon.

Il s'allume une cigarette et derrière un nuage mixte de nicotine et de monoxyde de carbone me lance :

— C'est donc beau, doc, l'éducation. Travaille pas trop fort, sinon tu vas tout payer en impôts.

⧗

Julie, l'urgentologue de service, semble épuisée. Enceinte de trente semaines, petite et terriblement amaigrie, cette jeune femme habituellement hyperdynamique et d'un franc-parler qui suscite émotion et crainte, même chez le coordonnateur Picotte, paraît vraiment à bout de nerfs.

— Et la nuit ?

— Le calme habituel, une dizaine d'ambulances, un psychotique intoxiqué qui a tenté de me prendre le ventre pour un ballon de foot... la routine quoi.

— Excellent pour un bébé ça !

— Belle enquête, Patenaude... Les ambulanciers l'ont maîtrisé à temps, mais quand est-ce qu'on va se décider à nous donner une protection efficace, surtout la nuit ? Bien bon gars, Adélard, mais...

Adélard, c'est notre Pinkerton de service. Gentil, avenant, ancien policier de 65 ans, il souffre d'arthrose aux hanches et attend depuis deux ans une intervention orthopédique... Comme il le dit lui-même à la blague, c'est sûrement lui qui a fait le plus d'heures à la salle d'attente.

— J'en parle à Picotte dès ce matin. Faut régler ça.

— Picotte ? « Monsieur statistiques » ? Voyons donc Patenaude !

Le mois dernier, un infirmier de nuit s'est fait lancer une pompe à soluté de deux kilos au visage par un schizophrène « décompensé » ; un autre a eu la mâchoire fracturée par un junkie pugiliste. Il est vrai que Picotte s'est sérieusement penché sur la question et a très rapidement formé un COMITÉ.

Conclusion : certains membres du personnel n'ont pas la bonne approche psychosociale avec les bénéficiaires. Ils feraient preuve d'un interventionnisme trop agressif avec ces malades. J'aimerais tout de même le voir « Monsieur comité », à trois heures du matin, face à un psychotique qui voit Satan dans son voisin de civière ou Ben Laden dans l'infirmier de service. Je me l'imagine vachement bien, le Picotte, lancer le code rouge (agression physique) et voir surgir un Pinkerton de 65 ans, claudiquant, bourré d'anti-inflammatoires, soufflant, la cigarette au bec. Bonne nuit, Picotte !

— Faut se faire à l'idée, Robert, la médecine d'urgence est devenue un sport extrême, un réalité-show qui ressemble pas mal plus à *Survivor* qu'à *Star académie*.

— Alors laissons tomber nos renouvellements de certification en traumatologie et en réanimation cardiaque et pensons plutôt aux cours d'autodéfense.

— J'ai lu qu'à Baltimore, les agents de sécurité sont armés et revêtent des vestes antiballes...

— Pas de problème, Julie, ça aussi je vais en parler à Picotte...

— J'ai hâte de voir le rapport du Comité !

Et voilà que Julie me propose un échange de gardes ; elle prendrait mon Noël et moi son jour de l'An.

Du coup réapparaissent, superposées dans un flou hautement cinématographique, les silhouettes du mont Albert et de Marie-Michelle. Tout de même, la vie est bonne...

Bonne nouvelle, Michel, l'autre médecin de garde, est arrivé et est déjà au travail.

Civière 57, une dame se sent faible. Civière 39, un sans-abri a mal aux pieds. En me dirigeant vers la 57, odeur mixte de fromage bien fait et d'urine séchée, le tout maladroitement masqué par un atomiseur aux odeurs d'agrumes. Poétique réveil. La dame de la 56 dévisage presque effrontément le vieillard de la 55 qu'examine la docteure Noiseux, la nouvelle gastro-entérologue. Véritable paradoxe, aussi bête que belle, elle répond d'un minimal hochement de tête à mes pourtant collégiales salutations matinales.

— Baissez votre caleçon.

Comme tous les petits vieux du monde, le 55 est un peu dur d'oreille.

— Vous voulez mon caleçon ?

— Toucher rectal, c'est pas plus douloureux qu'un examen gynécologique...

— Oui, oui, un bon tonique, c'est ça qu'il me faut...

D'une main ferme, elle retourne le 55, baisse le caleçon, exhibe le postérieur 55 au regard des autres malades et procède sans cérémonie au toucher en question. Sans tenir compte du cri de douleur et de surprise du patient, elle proclame non moins publiquement :

— Pas joli tout ça, grosse tumeur colo-rectale. Faut évaluer.

— C'est quoi ça une tumeur colo-rectale ?

— Tiens, tiens vous entendez maintenant... Faut faire un scanner, voir si vous êtes opérable. On en reparlera.

Fin de la consultation. Fin des explications. Au suivant! Arrivée au bout du corridor, elle soupire :

— Dites donc, ça empeste ici, ce matin.

— Oui, docteur, ça pue ici, ce matin, lui répond presque insolemment une infirmière, ici, ça pue tous les matins, DOCTEUR!

J'en suis à me répéter, une fois de plus, qu'il y a trop de médecins qui préfèrent la maladie à celui qui en souffre, qui privilégient la pathologie au détriment du malade, quand le p'tit vieux de la 55 me sort de mes réflexions un peu trop philosophiques :

— Vous auriez pas des Kleenex... c'est pour mon... comment elle dit ça la doctoresse? mon *colo-rectux*? C'est drôle, à l'hôpital, les choses changent de nom, on dirait...

— Oui, vous avez raison, à l'hôpital même un cul ça change de nom, mais ça reste un cul... alors que des Kleenex, dans un hôpital, c'est à peu près aussi rare qu'un *colo-rectux* de pape!

Incroyable, mais tristement véridique : pour rationaliser les coûts, certains administrateurs particulièrement allumés ont jugé bon de couper dans cette «dépense non essentielle pour les bénéficiaires». Résultat de l'opération : une économie annuelle d'environ 2 000 $ sur un budget de plus de 85 millions de dollars...

La vieille dame de la 56 ouvre son sac à main et lui tend quelques serviettes de papier, avec un petit sourire entendu qu'un esprit plus malveillant que le mien aurait pu interpréter comme «ça valait bien ça pour le petit spectacle gratuit...».

⚥

La civière 57 consulte pour «fatigue». Elle est arrivée par ambulance quelques heures plus tôt, mais a été rétrogradée en classe 3 (cas peu urgent). Son dossier l'identifie comme étant Mme Tremblay. Mme Tremblay est bien coiffée, porte une robe de chambre en soie et, au pied de sa civière, traîne négligemment une petite valise Louis Vuitton.

— Qu'est-ce qui ne va pas, Madame Tremblay?

— Appelez-moi Madame Petit-Roy, Tremblay est mon nom de jeune fille, moi je porte fièrement le nom de mon époux!

Puis, Mme Petit-Roy-Tremblay de s'enquérir de mon statut exact (infirmier ou docteur?), de critiquer aussi bien mes vêtements froissés que la lenteur et les déficiences du système. Quant à savoir ce qui l'amène à l'urgence, c'est à moi de le trouver, car si «elle le savait, elle ne serait pas là». Logique, Mme Tremblay-Petit-Roy. Suivra le questionnaire d'usage (et les réponses non moins souvent d'usage) : elle a mal partout, elle ne file pas, elle fait parfois de la fièvre, mais n'a pas vérifié à l'aide d'un thermomètre, elle a mal à la tête, parfois d'insupportables migraines, elle est étourdie comme tout le monde, a des engourdissements aux mains, aux jambes et des douleurs au thorax souvent, souvent, souvent...

— Quand avez-vous eu ces douleurs la dernière fois?

— Je crois que c'est lors du souper de la Fondation de mon mari, à l'automne, non, au début de l'hiver, je crois... je ne me rappelle plus au juste...

— Il s'y est passé quelque chose de spécial, à ce souper?

— Est-ce qu'on vous a déjà dit que ça puait, dans votre hôpital?

— Souvent, très souvent, Madame Tremblay-Petit-Roy...

Dans les minutes suivantes, je réussirai tout de même à apprendre que la dame n'est nulle autre que l'épouse de l'imminent médecin à la retraite Charles-Louis Petit-Roy, administrateur de la Fondation pour la recherche sur les lenteurs somatiques du colon, coureur émérite de jupons et manipulateur de première. J'avais même entendu dire que les étudiants stagiaires de chirurgie à Saint-Christophe enregistraient leurs conversations téléphoniques avec le bon docteur lorsque celui-ci refusait de se déplacer la nuit, puisqu'il était connu que, lors de complications sérieuses, il était rapide à rejeter le blâme sur les étudiants qui l'auraient mal informé.

De plus, le «cher époux» se serait montré un «tantinet jaloux» lors de ce fameux souper quand Madame avait accordé une danse au maire qui avait précisément perdu sa femme atteinte d'un cancer du colon, quelques mois auparavant. Colère, engueulade, migraine et départ précipité de l'épouse «infidèle».

— Et ces douleurs au thorax?

— Je n'ai jamais parlé de douleur au thorax!

— Poumons, intestins, ça va?

— Pas du tout, j'ai souvent de la constipation, parfois de la diarrhée et je tousse le matin.

Le cas est clair : fragilité émotionnelle, réactions psychosomatiques, impossibilité d'en arriver à une autre hypothèse diagnostic. J'ai une trentaine de malades sévères à voir aujourd'hui, inutile de prolonger l'investigation.

— Qu'est-ce qui vous a incitée à prendre l'ambulance ce matin?

— Qu'est-ce que vous voulez insinuer? Que je voulais passer avant les autres?

— Non, bien sûr que non... j'essaie simplement de voir ce qu'il pourrait y avoir de grave dans votre cas... Nous allons faire des prises de sang, puis on verra, mais il me semble que c'est simplement de la fatigue.

— De la fatigue! En tout cas, si vous me retournez à la maison, vous êtes mieux d'être bien sûr de votre coup!

La confrontation est inutile. Cela ne ferait qu'ajouter un cas au «service des plaintes des bénéficiaires», ce qui signifie presque immanquablement : formation d'un COMITÉ, rapports, témoignages, rencontre avec le directeur et, presque non moins immanquablement, des excuses obligées pour acheter la paix avec la plaignante... peu importe la réelle responsabilité.

Pourtant, l'utilisation abusive des services ambulanciers constitue actuellement un très sérieux problème. Contrairement à ce que croient plusieurs usagers, ce service n'est pas gratuit (coût moyen d'environ 400 $ par transport), il n'accélère pas nécessairement le temps d'attente, congestionne les services, augmente le temps d'intervention auprès de cas réellement graves.

Les statistiques sont éloquentes : entre 1976 et 1998, le temps d'intervention pour les cas jugés graves lors du triage ne s'est aucunement amélioré, et ce, malgré un budget qui est passé de 2 millions à 200 millions de dollars en moins de 25 ans (nous reviendrons plus loin sur cette étonnante non coïncidence entre l'augmentation des budgets et l'amélioration des services). Selon une récente étude du gouvernement, plus de 85 % des transports ambulanciers desservent des cas non urgents et ne nécessitant aucun soin préhospitalier.

Faut-il préciser que Mme Tremblay exige une chambre? Un déjeuner immédiatement? Et qu'elle refuse d'envisager un retour au doux foyer conjugal?

Je la quitte, évitant même son regard, et me dirige vers la civière 39 d'où semblent bien provenir les effluves asphyxiants qui incommodent aussi bien le personnel que les patients. Courageusement, je me prépare à affronter la «chose»...

Ж

Le 39 est un homme de forte stature, débraillé, sale, puant, aux cheveux gras et inextricablement emmêlés, sa barbe faisant au moins 50 cm de long. Une véritable apparition préhistorique. En passant, la schizophrène édentée de la 41 me lance :

— Tiens donc, regardez donc qui arrive : le pape en voilier!

— Ça va madame Riendeau? La mer est calme ce matin?

— Oui, votre sainteté, la mer est calme, mais il y a ce gros calmar de la chaloupe 39 qui est en train de pourrir sur place... je pense bien qu'il faudrait l'emmener au *car wash*...

— C'est justement ce que je m'en viens faire.

— Je peux aller fumer en attendant mon tsychiâtre?

— Non madame Riendeau, trop froid dehors.

— Pas cool, le pape... vraiment pas cool, le pape !

Le 39 n'a pas de nom au dossier. Il s'est présenté en se plaignant d'avoir mal aux pieds. L'odeur m'oblige à revêtir masque et gants pour l'examiner. Je l'éveille avec la plus grande prudence. La plupart de ces itinérants souffrent de troubles mentaux et d'alcoolisme chronique susceptibles de provoquer hallucinations et réactions violentes. J'ai déjà échappé de peu à quelques étranglements.

Il se réveille pourtant calmement et j'ai la vague impression de connaître ce malade dont la main gauche est amputée de tous les doigts.

— C'est mes pieds, je suis plus capable de marcher.

La schizo de la 41 récidive :

— Hey le yéti, ça te tente pas une bonne douche de peroxyde ?

Le géant grogne et la situation risquerait de dégénérer, mais André, le sympathique préposé, a commencé à servir le déjeuner, ce qui contribue à refroidir les esprits. Le colosse est mal en point : forte fièvre, engelures aux pieds et gangrène. Impossible de lui retirer ses bas bleu blanc rouge, où l'on devine le CH des Glorieux, la laine adhère aux plaies purulentes. Il faudra le baigner afin d'avoir un meilleur aperçu de la situation.

Tout à coup je me souviens. C'était il y a quelques années. On le surnommait le Manchot. Lui et un autre mendiant appelé Boiteux avaient amené à l'urgence une jeune fugueuse qu'ils avaient trouvée inconsciente dans une ruelle. C'était un décembre particulièrement froid. Ils l'avaient déposée dans un chariot d'épicerie et poussée péniblement jusqu'au garage de l'urgence. Souffrant d'hypothermie sévère et d'overdose, la jeune fille avait été sauvée *in extremis*. Le père, reconnaissant, avait voulu récompenser les « héros », mais ils avaient bien sûr disparu[1].

---

1. Robert Patenaude, *24 heures à l'urgence*, Montréal, Québec Amérique, 1999.

C'est à André qu'échouera la sympathique tâche de donner son bain au Manchot. Toujours souriant, André est un préposé expérimenté qui adore son travail. Blagueur impénitent, il fait plus pour le moral des patients que bien des membres du personnel soignant. André est sans âge : cheveux blancs, mais visage jeune, corps parfois fatigué et récemment amaigri. Fumeur invétéré, il partage ses cigarettes de bonne grâce avec tous les éclopés en sevrage qui aboutissent dans le corridor. Les administrateurs diront qu'il a 25 ans « d'ancienneté »... je parlerais plutôt de 25 ans « d'expérience »... et de dévouement.

André m'attire près d'une civière vide :

— Dis donc Doc, je tousse pas mal et puis je crache du sang, c'est grave ?

— On va regarder ça. Viens me voir à ta pause, je vais te faire faire une radio.

Comme si l'avant-midi n'était pas déjà assez « gratiné », voilà que se pointe Picotte, Docteur Picotte... enfin... pseudo-médecin et non moins pseudo-administrateur, il cumule avec arrogance les postes de coordonnateur et chef de l'urgence. Depuis qu'il a troqué ses gants de latex et son stéthoscope pour une plume Mont Blanc, il a miraculeusement oublié la véritable réalité de l'urgence.

Déjà son physique me répugne : petit, suspectement maigrichon, des vestiges d'acné juvénile, une moustache ridiculement grosse qui ne semble là que comme soutien à un long nez aquilin qui, à son tour, s'acharne à dissimuler une bouche quasi inexistante, occultée par un menton proéminent et profilé comme un couteau à fromage.

Tout compte fait, cette face qu'il montre est peut-être moins désagréable que celle qu'il dissimule afin de mieux manœuvrer et de servir ses intérêts professionnels. On le soupçonne de convoiter le poste de directeur des services professionnels, sinon la direction du CLSC ou de la Régie régionale.

Mais je pense que ce qui m'impatiente le plus chez Picotte, c'est cette propension à clore ses phrases par un proverbe plus ou moins approprié, se conférant ainsi un vernis intellectuel très agaçant.

Le voyant se diriger vers moi, accompagné de deux hommes et d'une femme vêtus du sarraux blancs aux couleurs de l'hôpital, je tente une retraite désespérée vers la toilette malheureusement occupée par un fumeur clandestin toussotant des excuses. Impossible d'éviter l'affrontement.

— Tiens, ce bon docteur Patenaude.

— Tiens, ce bon administrateur Picotte. Vous avez recruté du nouveau personnel! Excellent nous sommes débordés, ce matin.

— Je vois que vous n'avez pas pris connaissance de votre courrier une fois de plus... Attention «la gale et la paresse à aucun ne plaisent».

Ces gens sont des représentants de la firme SCROU (Service en consultation, révision et organisation des urgences). Incognitos, d'où l'habile subterfuge des sarraux, ils ont été engagés (oui, oui, c'est-à-dire moyennant une rémunération), pour évaluer notre urgence, dans le but d'améliorer notre performance, récemment jugée médiocre par les fonctionnaires engagés (oui, oui... eux aussi) par le ministère et qui se sont contentés, comme toujours, de faire parler des statistiques.

Coût de l'opération du SCROU : 60 000 $. «Très bon investissement, Patenaude, si l'on considère les économies que nous réaliserons après coup.»

J'ai beau lui rappeler qu'au moins cinq comités de médecins ont gratuitement évalué la situation de LEUR urgence et que jamais l'administration n'a daigné tenir compte de leurs recommandations.

— Avec les gens de la boîte, Patenaude, on risque toujours les conflits d'intérêts, alors qu'avec des analystes externes...

voyons, vous connaissez les bateaux Patenaude, « c'est en suivant le fleuve qu'on parvient à la mer » ; c'est le temps d'être synergiques, dynamiques...

Puis vient la présentation des trois « touristes » de la santé. Apprécions l'art du pseudonyme (incognito oblige) tel qu'il est pratiqué par Napoléon Picotte :

Ginette Loisirs, environ 55 ans, ancienne directrice de CLSC, carré de soie sous son sarrau, elle ressemble à s'y méprendre à notre ancienne ministre de la Santé.

Xavier D'Amour, complet et nœud papillon BCBG, montre TAG, diplômé MBA en gestion de la santé, « graine de sous-ministre », selon Picotte, il m'accompagnera toute la journée, jouant le nouveau stagiaire.

Et finalement, le célèbre docteur Affi Davitt, 1 m 90, bedonnant, style républicain du Texas, unilingue anglophone, directeur retraité de l'urgence du Beth Memorial où il a fait sa réputation de bon gestionnaire en décrochant systématiquement les meilleures statistiques au niveau des scores performance de l'État. Un premier de classe quoi... mais aussi un tricheur... C'est un secret de polichinelle aujourd'hui que certains hôpitaux falsifient le taux d'occupation et d'attente en exilant certains malades dans d'autres corridors sur les unités de soins de certains étages, s'attirant ainsi les bonnes grâces de la régie et du ministère sous forme de bonus budgétaires. Cela a au moins l'avantage de parquer certains patients dans des endroits où l'activité est moins débordante que dans le va-et-vient continuel et bordélique de l'urgence.

— Ça m'a fait plaisir, mais excusez-moi, c'est pas le travail qui manque...

— Sacré Patenaude, vous me rappelez ce vieux proverbe kurde : « Remets à demain ton repas, mais jamais ton travail ».

Je m'éloigne et pénètre dans la première toilette pour m'asperger le visage d'eau froide et ainsi atténuer mes pulsions assassines. J'ai à peine le temps de refermer le robinet que mon téléavertisseur lance un code 99, urgence, salle de choc.

Je cours vers la salle de réanimation, laisse mes dossiers au poste et je réponds « La 15 ! » à Picotte qui m'interroge sur ma destination, sans doute pour lancer MBA D'Amour à mes trousses.

La salle de réanimation, paradoxalement, malgré son caractère inévitablement tragique, demeure mon territoire préféré de l'urgence. Aucun doute, c'est là « que ça se passe », c'est là que se jouent des vies et que s'opèrent parfois des miracles.

Trois civières, des sacs contenant le soluté et les tubulures intraveineuses. Du plafond descendent des modules équipés de tubes géants destinés à l'oxygène et à la succion. Tout près, il y a les modules de réanimation équipés de tous les articles utiles à la mise en place des tubes endotrachéaux qui serviront à protéger les voies respiratoires et à permettre une bonne entrée d'oxygène ainsi que des moniteurs cardiaques et des défibrillateurs.

Sur les murs, tout autour, des centaines d'instruments de survie, et ce, malgré leur apparence peu rassurante : des drains thoraciques, des aiguilles de toutes les dimensions, des ballons stimulateurs cardiaques, des tubes de plastique destinés à tous les orifices du corps, des cabarets à suture, des respirateurs portatifs et, dans un coin, le vieil appareil à ultrasons affectueusement surnommé « la Grosse Bertha ».

Si certains désertent volontiers cette antre tantôt de mort tantôt de résurrection, c'est bel et bien là que je me sens le plus efficace et le plus utile.

La dame de 76 ans a perdu conscience au centre commercial. Elle était accompagnée de sa fille. Les ambulanciers, qui répondaient à un autre appel non urgent (air connu), ont pris dix minutes pour intervenir. Trop long, beaucoup trop long. Dans un cas de réanimation, après trois minutes, les dommages au cerveau sont irréversibles. Heureusement, deux adolescents ont fait sur place des manœuvres de réanimation jusqu'à l'arrivée des services d'urgence qui ont administré deux décharges électriques avant de diriger la pauvre dame vers l'urgence.

Malheureusement, nous n'avons aucun renseignement sur les antécédents médicaux, ni sur les médicaments que prend cette femme. Et dire qu'une législation, obligeant les citoyens à se munir d'une carte à puces contenant les renseignements pertinents sur la santé de la personne, pourrait sauver tellement de vies.

De façon méthodique et synchronisée, le personnel s'active : Diane et Lili installent deux cathéters intraveineux et les électrodes sur le thorax pendant qu'on continue le massage cardiaque et que Fred, l'inhalothérapeute, s'occupe de la ventilation à l'oxygène. Aussitôt, le moniteur indique une arythmie cardiaque potentiellement mortelle.

— Attention, je défibrille.

Tout le monde s'écarte de la table, car le moindre contact avec son métal pourrait être fatal. Deux cents joules de charge : le thorax se contorsionne, les bras se contractent violemment, tout le corps est fortement secoué, mais le rythme cardiaque redevient normal. La patiente demeure dans un état comateux, il s'agit sans aucun doute d'un infarctus.

— On l'intube! Lili, 300 mg d'amiodarone. Diane, installe-lui une sonde urinaire. Fred, prépare un tube endothrachéal 7.5, on va faire un électrocardiogramme et un rayon X.

— Je crois qu'on a du renfort docteur Patenaude.

Picotte et ses trois astronautes viennent de débarquer dans la salle de réanimation. Seul D'Amour, qui ne connaît rien à la procédure s'approche un peu de la civière. Il blêmit à vue d'œil.

— Pas l'air bien solide, la recrue, me murmure Lili.

À ce moment, Diane, qui tient la sonde urinaire, tout en essayant de faire fléchir les genoux de la patiente, lui dit :

— Vous pourriez m'aider docteur, et lui soutenir les genoux?

D'Amour, le teint de plus en plus cireux, fait ce qu'on lui demande. Malheureusement, au moment où je prélève du sang artériel au poignet de Mme Viens, elle a une incontinence intestinale qui éclabousse les mains du gestionnaire. Ses yeux se révulsent, ses mains s'agrippent à la civière, ses jambes se liquéfient et il s'écrase au sol entraînant sur lui le contenant d'urine et le piqué souillé.

— Pas très fort la nouvelle recrue, docteur Picotte. Si vous et vos deux nouveaux collègues l'installiez sur une autre civière, le temps que sa pression se stabilise, je pourrais peut-être m'occuper sérieusement de Mme Viens.

L'électrocardiogramme confirme mon diagnostic. Sa pression est basse, mais le rythme semble stabilisé. Je prescris une série de médicaments dont la Thrombolyse, médicament coûteux (près de 2 000 $ par traitement) mais qui fait des miracles en faisant littéralement fondre le caillot obstructeur. Je demande de réserver un lit aux soins intensifs... mais bien sûr, il n'y en a pas de disponible.

— Tiens, c'est la job de Picotte ça, de trouver des lits !

Mais étrangement, la bande à Picotte s'est volatilisée. Mon personnel se doute bien que «nœud papillon» n'est pas médecin et comme je ne veux d'aucune façon être complice de l'administration dans ce dossier, je les mets au courant. Ils promettent le secret, mais je sais bien que dans quelques heures, tout l'hôpital sera au courant. Et c'est bien tant mieux.

— Docteur, j'ai le cardiologue sur la deux.

— Vous connaissez la blague Patenaude : une bonne et une mauvaise nouvelle. La mauvaise : pas de lit disponible aux soins intensifs, tous les étages sont pleins et le sixième est fermé à cause d'une pénurie d'infirmières. La «bonne» : j'ai un malade en phase terminale, quelques heures à peine. Si votre patiente tient le coup, elle aura un lit bien à elle.

Cette forme de cynisme est maintenant monnaie courante dans les hôpitaux. Depuis les fermetures de lits... et d'hôpitaux, la gestion de la disponibilité des chambres est tellement acrobatique que la mort imminente d'un patient peut ironiquement nous apparaître comme une solution.

Le « virage ambulatoire » fut, à mon avis, une formidable mais bureaucratique vision de l'esprit. Je ne mets pas en doute les bonnes intentions des artisans de cette réforme, mais ses objectifs prioritairement économiques ont occulté ou minimisé un très important paramètre de la situation.

S'il est vrai qu'une accentuation des soins à domicile et une plus grande mobilisation des CLSC sont susceptibles d'alléger, à leur manière, le fardeau des urgences et des hôpitaux, le « virage ambulatoire » ne saurait tenir l'épreuve du temps en raison d'une étonnante accélération dans le vieillissement de la population... et d'un non moins étonnant manque de fonds publics.

Là encore, la situation renferme sa part de cynisme. Plus la médecine évolue, plus nous sauvons de patients, plus nous repoussons la mort... plus nous augmentons le nombre de malades en perte d'autonomie, de malades aux capacités physiques et psychologiques restreintes, de malades accumulant des pathologies concomitantes : diabète, hypertension, angine, insuffisance rénale ou cardiaque et bien d'autres. Voilà une incontournable réalité à laquelle soins à domicile et CLSC ne sauront faire face à très brève échéance.

Le cœur de Mme Viens est stabilisé, même si la tension artérielle reste un peu basse. On me dit que sa fille attend dans le corridor. Je me fais toujours un devoir de bien informer la famille sur l'état réel de la situation. Évidemment, un local spécialement destiné à ce genre de conversation faciliterait les choses... mais encore là, il faut se satisfaire du corridor.

Je fais donc à cette jeune femme du début de la quarantaine un compte rendu détaillé de la situation, précisant que les prochains jours seront déterminants, mais qu'à mon avis sa mère devrait s'en tirer sans complications majeures ni séquelles cérébrales. Je suis heureux d'apprendre que la dame était jusque-là parfaitement autonome, vivant seule dans un petit appartement, ayant vendu une maison devenue trop grande à la mort de son mari, deux ans plus tôt. Par contre, il me plaît moins d'entendre qu'elle était suivie pour hypertension et taux élevé de cholestérol, et qu'elle se plaignait de douleurs au dos. Je crains bien sûr un anévrisme de l'aorte.

Je prépare donc le vieil appareil à ultrasons que nous a légué le chef du département de radiologie. Je me souviendrai toujours de sa boutade :

— Patenaude, cet appareil c'est pour votre urgence... ou pour la casse... alors ?

On s'était dit que « la Grosse Bertha », c'était mieux que rien. D'autant plus que le docteur Picotte, dont la réputation n'était pas encore établie, avait formellement promis un appareil dernier cri pour les mois suivants : « chose promise, chose due ». Chose promise il y a déjà quelques années, chose due depuis quelques années. Et Bertha explore toujours les cœurs et les abdomens des grands malades qui transitent par la salle de réanimation nous consentant, sur son écran noir et blanc, des reflets sombres et opaques que nous nous évertuons chaque fois à interpréter.

— Dis donc, Lili, y a pas une boîte de Kleenex qui traîne quelque part ?

— Des Kleenex, faut pas exagérer, vous savez bien que c'est aussi rare que de la merde de pape...

— Oui, je sais, mais c'est pour la fille de Mme Viens qui attend dans le corridor, elle va venir voir sa mère dans quelques minutes.

— Je m'en occupe, je dois bien en avoir quelques-uns dans mon sac...

3

La vraie vie

Le MBA D'Amour, manifestement encore sous le choc, rentre dans la salle revêtant cette fois un vêtement de chirurgie, jusqu'au bonnet bleu. Décidément le cirque est en ville. Il se met à regarder sous les civières, sous les draps, dans tous les recoins de la salle.

— Vous cherchez quelque chose?

— Oui, ma montre!

Je commence l'examen de l'aorte en promenant délicatement la sonde sur l'abdomen et en tentant d'interpréter les sombres nuages qui apparaissent à l'écran. D'Amour s'installe près de moi et je crois deviner qu'il s'imagine que le trésor tant recherché pourrait se trouver sous le corps de ma patiente.

— N'y pensez même pas D'Amour! Ce que je suis à faire est bien plus important que votre foutue montre, regardez donc plutôt dans le sac de linge souillé.

Tout à coup l'ombre qui apparaît à l'écran ne fait aucun doute : une masse arrondie de 6 cm sur 15 qui pulse au même rythme que les battements cardiaques de la patiente. Un énorme anévrisme de l'aorte tout juste sur le point de se rompre, ce qui créerait une hémorragie majeure et incontrôlable tuant à coup sûr la malade. D'autant plus que le médicament donné pour traiter l'infarctus ralentit la coagulation afin de mieux dissoudre le caillot.

— Lili, on arrête la thrombolyse et l'héparine, commande des cryoprécipités, des plasmas et du sang. Je vais appeler la cardiologie et la chirurgie vasculaire.

En me rendant au poste, je croise André qui a terminé la « toilette » du Manchot.

— Le 39, Doc. Je l'ai lavé, les deux pieds sont foutus, gangrène très avancée...

— Merci André, on va voir à ça.

— Docteur, vous avez la vasculaire sur la deux et la cardiologie sur la trois.

À mon retour vers la salle de choc, je croise notre D'Amour national, heureux d'avoir retrouvé sa TAG, bien que maculée de quelques matières un tantinet moins distinguées.

— Vous devriez porter un peu plus d'attention aux effets personnels des patients, docteur.

— On l'aurait retrouvée de toute façon au triage de la lingerie. J'imagine qu'une montre de ce prix devrait résister au stérilisateur à haute température...

— Et vous, que feriez-vous, si vous trouviez une montre de 5 000 $ en triant de la lingerie, Patenaude? Vous la retourneriez aux objets perdus?

— Moi, sans aucun doute D'Amour... mais si j'étais un employé de la buanderie, je crois bien que je fermerais ma gueule et que je la garderais.

— Mais ce serait du vol!

— Dans un cas comme celui-là, j'appellerais plutôt ça « un pourboire de la Providence ».

— Voilà une bien étrange façon de commencer une évaluation, docteur Patenaude.

— Vous parlez du caca sur votre TAG ou de votre chorégraphique évanouissement, M. D'Amour?

Je le laisse réfléchir sur place et retourne au chevet de Mme Viens. Au moins elle vient de commencer à se réveiller, ce qui est de bon augure quant aux éventuelles séquelles neurologiques. Il ne reste plus qu'à faire un scanner abdominal pour voir l'étendue de l'anévrisme et à attendre le verdict des spécialistes. Je n'ai plus qu'à retourner dans le fameux corridor pour expliquer cette nouvelle trouvaille à sa fille.

Au retour, je discute avec les spécialistes qui, après évaluation de tous les dangers potentiels, conviennent de procéder par étape. En premier lieu, le cardiologue tentera une dilatation par ballonnet de l'une des artères coronaires. Si la patiente traverse cette intervention, elle sera immédiatement acheminée au bloc opératoire où le chirugien vasculaire procédera à l'opération de l'aorte abdominale. Les risques de ces interventions sont évalués à 50 % de chance de survie. Sans elles, c'est la mort certaine et à très brève échéance.

Du même coup, j'en profite pour expliquer au chirurgien vasculaire le cas du Manchot, son problème d'engelures et de nécrose. Il me promet d'y voir tout en ajoutant :

— Mais avec ce que vous me dites, j'ai bien peur que ça sente déjà l'amputation.

Au poste de commande des infirmières, je remplis les dossiers. Dans le cas du Manchot, je précise de le garder à jeun, de faire un bilan préopératoire et de commencer dès maintenant les antibiotiques. En ce qui concerne Mme Tremblay-Petit-Roy, ce sera une investigation de base avec bilan thyroïdien.

— Donc, une salle d'op pour le sans-abri et un gentil congé vers la maison pour Mme Ptit-Machin.

— Dans le mille, garde !

Nous avons pris un sérieux retard avec cette réanimation. Il est à peine 11 heures et nous avons plus de trois heures d'attente. Je dois régler plusieurs «petits» cas dans les cubi-cules. Dans le jargon, les «petits» cas désignent des patients qui présentent différents problèmes mineurs tels des entorses, des maux de dos, des petites fractures, des plaies et autres affections. Autant de cas qui, pour la majorité, auraient bien pu être traités «ailleurs» qu'à l'urgence... et même, quoiqu'il soit devenu politiquement inconvenant d'y faire allusion, en cliniques privées... Nous y reviendrons.

4

L'enfant-roi

La feuille de triage indique que le cubicule n° 3 est « sous-loué » par un jeune homme de 14 ans : chute de planche à neige, courbatures, éraflures diverses et abrasions superficielles au visage. Charles-Alexandre (bonjour la monarchie!), 1 m 91, avachi dans une chaise roulante, est accompagné de la « reine mère » qui lui tient un sac de glace sur le front. Ce n'est que ce matin, au réveil, que notre athlète adepte du *piercing* (sourcil, nez, oreilles... et langue, ce qui explique sans doute son élocution presque incompréhensible), s'est plaint des séquelles de ses acrobaties.

Les radios sont normales. Un collier cervical souple, de l'acétaminophène pour les douleurs et une crème antibiotique pour le visage devraient suffire. Mais à une question susurrée par l'attentive maternelle, Charles borborygme :

— L'école? Trop mal, genre, pas capable, comme, t'sé...

Prévoyant la traditionnelle requête du papier pour le directeur de la poly, je tranche la question :

— Pas de problème, je vais vous donner un mot pour les cours d'éducation physique, pour les cours réguliers son état est assez bon.

— Je pensais plutôt à un document le dispensant de l'école pour quelques jours...

— Votre fils n'a rien de grave, madame, à l'école c'est le cerveau qui travaille, pas les muscles.

— Ouais, pis les autres vont pas arrêter de me niaiser avec mes gales pis ton ciboire de collier...

— C'est vrai, docteur, que les jeunes sont si durs... il y a le plan psychologique à prendre en considération. Vous voyez bien qu'il pourrait en être affecté moralement...

— Ce que je vois, c'est que ça lui prendrait un congé de trois semaines avant que son visage retrouve son teint de pêche, qu'il n'en est pas question, que votre fils est mal élevé et que ce billet précise qu'il peut retourner à l'école cet après-midi même.

Et sa majesté Charles-Alexandre-le-Grand de froisser mon bout de papier en grognant : «L'épais de casque de bain, il sait même pas qu'on n'a plus de cours d'éducation physique.»

La mère en furie me demande à son tour un document officiel pour son propre employeur. Je le lui griffonne, prenant un malin plaisir en insistant sur «avant-midi SEULEMENT».

C'était bien sûr à prévoir. Deux jours plus tard, Picotte me convoquait pour me communiquer une plainte faisant part de ma «totale absence d'empathie» envers son fils. À l'appui de ses doléances : photocopie du document émis par un autre médecin «plus humain», prescrivant un congé de 14 jours au chérubin clouté! L'ado manipule la mère qui veut acheter la paix, la mère manipule le médecin qui veut éviter la confrontation et qui trop souvent oublie que ces documents légaux, si légèrement distribués, ont des conséquences humaines et financières majeures sur la société.

Le cas, malheureusement, est bien loin d'être rare : acheter la paix à tout prix, mais surtout éviter non moins systématiquement toute frustration éventuelle, ennoblir l'enfant en lui permettant de régner sur un royaume où il sera de plus en plus avide de SES droits et de plus en plus avare de SES responsabilités.

Boris Cerulnik, dans son essai *Les Vilains petits canards*, explique mieux que quiconque ce phénomène très contemporain. Ce n'est certes pas en évitant aux enfants toute confrontation avec l'adversité, voire avec la souffrance au quotidien, que nous en ferons des citoyens responsables et armés pour des défis de plus grande envergure. Bien au contraire, il convient de les laisser vivre, leur permettant leurs propres affrontements, leurs propres luttes... et par conséquent de les laisser apprendre aussi bien de leurs défaites (jamais si graves qu'on le croit) que de leurs victoires (toujours plus importantes qu'on peut l'imaginer).

Ainsi seulement, l'enfant se constituera-t-il un caractère propre, une individualité définie où l'inconscient aura intégré cette incontournable et constante cohabitation de souffrance et de bonheur que constitue l'existence, et ce, dès le plus bas âge.

Malheureusement, trop de parents, souvent pour compenser une certaine culpabilité liée à des situations familiales traditionnellement inhabituelles (familles peu nombreuses, éclatées, monoparentales, etc.), auront tendance à pallier certains «manques» émotifs par un surinvestissement sentimental et matériel. Ce véritable couvage aura pour effet de soustraire l'enfant à plusieurs réalités jugées désagréables de ce monde (la souffrance, l'effort, la privation, la mort même) et de le maintenir dans une irréalité sociale qu'il voudra tôt ou tard fuir, trop souvent par des moyens assez peu orthodoxes.

Certaines conclusions de Cerulnik vont d'ailleurs dans ce sens et expliquent ainsi, en partie, la récente mode de l'automutilation (*piercing* et tatouage) comme confrontation consentie et «égocentrique» avec la douleur. De même pourrait-on envisager la croissance de la violence gratuite et le manque de maîtrise des pulsions agressives et sexuelles chez beaucoup de jeunes adultes.

Bref, il y a là un rituel enchaînement de petites lâchetés qui risque fort, en fin de parcours, d'avoir des conséquences insoupçonnées sur la famille et la société de demain.

5

La soif d'apprendre

(intermède)

Je ne sais pourquoi exactement, mais cela me rappelle un épisode vécu en 1996, lors d'un voyage au centre de l'Afrique. J'étais allé au Kenya, afin d'y travailler quelques semaines dans un dispensaire, tout près de la frontière de l'Ouganda où sévissait alors, on s'en souviendra, une sanglante guerre civile, guerre qui faisait chaque mois des milliers de victimes.

Je voyageais dans un *matatus*, espèce de petit autobus destiné au transport bon marché. Nous étions une dizaine de personnes, entassées les unes sur les autres, surchargées de nombreux ballots de nourriture, de cages abritant des centaines de poussins vivants, de poules se débattant sous les sièges, le bec immobilisé par du diachylon et les pattes attachées aux pieds des bancs, sans compter les tapis et les meubles de toutes sortes fixés sur le toit du véhicule bringuebalant.

Évidemment, le centre de gravité du *matatus* ainsi surélevé occasionnait de sérieux déséquilibres lors des virages, ce qui nous obligeait instinctivement à compenser physiquement dans le sens opposé pour prévenir un chavirement de la précaire « embarcation », véritable voilier pris dans un coup de vent.

Tout cela bien sûr, c'était sans compter sur des chemins dévastés, ravagés, parsemés de multiples cratères ou monticules de deux ou trois mètres même sur la route dite «nationale» qui sillonne la profonde vallée du grand Rift africain. Cette immense vallée d'un dénivelé de plus de 1 000 m, située plus bas que le plateau kenyan, s'étend sur des milliers de kilomètres vers le nord du continent, offrant au regard un paysage magnifique, bordé de falaises écarlates qui s'allongent à l'infini, alors que la plaine est jonchée de gros rochers bruns et ocres. Seuls quelques cactus, résistant à la saison désertique, ponctuent de vert cet espace étonnamment lunaire.

Après 12 heures de route, nous n'avons toujours parcouru que 250 kilomètres depuis Nairobi. Notre véhicule slalome pour éviter cratères et petites collines, provoquant de dangereuses embardées et quelques enlisements dans des fosses de poussière, grands bacs de sable rouge farineux d'une profondeur de 50 cm. Chaque fois, le *matatus* attaque bravement sa trappe, son moteur diesel quatre cylindres crache et transpire l'huile, proférant de bien peu rassurants cris mécaniques, mais toujours l'étonnant *matatus* en sort vainqueur dans un étouffant nuage de poussière.

Il était quinze heures, plus de 45 °C sous un soleil de plomb, dans un territoire situé quelque part au nord des savanes herbeuses du Sérengeti, un peu au sud du lac Victoria; à la fois très loin de la civilisation et trop près des frontières de l'Ouganda, du Soudan et de l'Éthiopie, pays hostiles où le sida est trop souvent le principal allié de la guerre, où les atrocités sont quotidiennes, où peu de Texans et de pays industrialisés ont des intérêts financiers si ce n'est d'écouler des médicaments périmés ou de vendre à gros prix la trithérapie.

Il est quinze heures précises lorsque notre fier *matatus*, contre toute attente, est littéralement aspiré par une trappe de poussière. Il git telle une épave enlisée dans un bac de farine rouge. En descendant du véhicule, nous nous retrouvons dans la poussière jusqu'aux cuisses. Il est bien évident que même mon expérience de la neige québécoise n'allait m'être d'aucune utilité.

Il ne nous reste plus qu'à prendre notre mal en patience et à attendre le passage du prochain camion, en espérant qu'il acceptera de nous sortir d'embarras. Je me suis réfugié à l'ombre d'un cactus anorexique lorsqu'un garçon d'environ douze ans surgit de nulle part. Pieds nus, vêtu d'une chemise d'adulte trouée, cheveux crépus et poussiéreux, des cernes de sable rouge dilué par la transpiration, il tient à la main droite un sac de vieille toile et dans l'autre une machette rouillée. Il s'approche de moi et me demande, dans un anglais impeccable :

— *Do you have water ?*

J'acquiesce de la tête et lui tend le litre d'eau que j'ai dans mon sac. À son tour, il fouille dans son sac de toile, en sort un vieux bidon d'huile à moteur Mobil, le débouche, regarde à l'intérieur d'un œil que je devine amusé, le porte à sa bouche et en boit le contenu jusqu'à la dernière goutte. Il me regarde, souriant franchement cette fois, me tend son contenant et dit tout simplement « water ».

Je regarde à l'intérieur du bidon, en constate l'étonnante propreté et le remplis de mon eau. Souriant à mon tour, je lui donne le restant de ma bouteille qu'il boit d'un seul trait.

Puis la conversation s'engage. À ma surprise de le rencontrer dans cet endroit, il éclate de rire et me dit que c'est là sa maison, juste derrière la grosse roche que je vois à l'horizon... je savais que « là », derrière la grosse roche, c'était l'Ouganda. Je lui donne également les biscuits qu'il demande, mais qu'il goûte scrupuleusement avant de les mettre dans son sac.

Puis, l'interrogeant à propos de sa machette, il se lève, imitant un chasseur de la célèbre tribu des Massaïs. Il fait quelques pas de danse en faisant tournoyer sa machette qu'il tient à deux mains avec une remarquable fermeté, tout en sifflant pour reproduire le bruit du serpent à sonnettes. Il tourbillonne et frappe violemment le cactus qui, éventré sur presque la totalité de son tronc, plie sous la force de l'impact et s'effondre lentement sur le sol. Il se tourne vers moi, souriant de toutes ses dents qu'il a d'une surprenante blancheur.

— *That's the way. I kill snakes with that!*

En quelques secondes, ce jeune garçon de frêle apparence a décuplé ses forces et a réussi un exploit qui aurait fait rougir les plus vaillants bûcherons québécois. J'en étais encore abasourdi et je n'étais pas sans me demander s'il n'avait pas déjà fait autre usage de sa terrible machette lorsqu'il me demande, avec le même sans gêne... et le même désarmant sourire, si je n'ai pas un « Bic et du papier ». J'arrache de ma tablette quelques pages où j'ai pris des notes et la lui tends avec mon stylo à l'encre bleue.

— *Is that what you want?*

— *Thank you sir, it's what I need... to write...*

Soudain, le bruit des moteurs attire son attention. Un convoi de quatre camions se dirigeant vers le nord s'approche de notre « naufrage ». Le garçon est subitement effrayé et, sans un mot, me quitte en courant vers le désert, emportant avec lui les seules denrées qui lui seraient vraiment nécessaires : une bouteille d'eau, un paquet de biscuits et peut-être ce dont il avait le plus besoin, de quoi sauvegarder la mémoire si fragile de son peuple.

Les camions sont remplis de soldats kenyens dont les plus vieux devaient avoir à peine seize ou dix-sept ans. Sous les ordres du président Moi, ils allaient protéger les frontières contre les « envahisseurs » et, au besoin, repousser, à grands coups de mitraillettes, les réfugiés clandestins ougandais ou somaliens.

Après quelques minutes de négociations et vérifications scrupuleuses de nos passeports, ils acceptent, contre vingt dollars américains et une dizaine de paquets de cigarettes, de nous sortir de notre bourbier. Je regarde vers l'horizon. Mon jeune « envahisseur » s'était volatilisé dans le désert, probablement caché derrière un rocher ou un cactus.

Quelques heures plus tard, sous un ciel paisible et étoilé, nous avions rejoint notre ville de ravitaillement, nommée Kisumu. La journée avait été riche d'émotions... et d'enseignements.

6

La médecine à deux vitesses

Ayant rempli le dossier de sa majesté Charles-Alexandre, je rencontre le docteur Royal (décidément je nage en pleine monarchie). Le chirurgien vasculaire m'annonce qu'il est urgent de procéder à l'amputation du Manchot, car l'infection menace de le tuer. Il pourrait l'opérer avant Mme Viens, en supposant qu'elle survive déjà à sa dilatation coronarienne, mais il craint que le patient, dans son état actuel, ne comprenne pas vraiment le sens de l'intervention.

Comme je croyais m'en souvenir, il y a déjà un dossier au nom de «Monsieur Manchot, sans adresse fixe». Il y en a bien sûr un aussi au nom de Maïté, la jeune fugueuse qu'il avait aidée à sauver et dont le père, gérant d'un prestigieux hôtel de Montréal, avait voulu récompenser les bons samaritains. Il avait même demandé qu'on communique avec lui si jamais ses «héros» réapparaissaient. Je demande donc à la secrétaire de communiquer avec le père de Maïté et je retourne au chevet de «Monsieur Manchot».

En route, je croise Mme Petit-Roy (tiens une autre souveraine), ainsi que son valeureux époux, en conversation animée avec l'ami Picotte. Cela n'augure rien de bon, mais pour l'instant je dois me concentrer sur le cas de la civière 39.

Manchot est dans un état pitoyable : pouls rapide, affaiblissement général, sueurs, incapable de répondre à quelque question que ce soit.

Alors que je me précipite vers le poste des infirmières, Picotte m'intercepte et me mitraille de questions et de reproches sur le cas Petit-Roy : j'ai manqué d'attention, de qualité d'écoute, d'empathie, j'ai peut-être minimisé les symptômes, tourné les coins ronds, escamoté une partie des problèmes et surtout négligé de considérer sérieusement le léger souffle au cœur de madame.

Mon temps est compté, les cas graves s'accumulent, sans parler du temps d'attente des «petits cas» qui ne cesse de s'accroître. Ma réponse sera donc, je l'espère, claire, précise et, surtout, «définitive» :

— J'ai fait tout le nécessaire. Madame a plusieurs petits problèmes, mais rien de sérieux. De plus, j'ai demandé des tests de laboratoire complets et elle peut très bien en attendre les résultats dans le confort de son foyer. Quant à son souffle au cœur, il est si bénin que même son médecin de famille ne l'a jamais détecté, mais j'ai tout de même suggéré une échographie cardiaque en externe. Sur ce, j'ai, là-bas, un homme qui a la gangrène aux deux pieds et qui risque la mort si nous ne procédons pas rapidement à l'amputation. Finalement, puisque, Madame, vous n'êtes manifestement pas satisfaite de mes soins, je vous laisse entre les mains du bon docteur Picotte.

Je quitte rapidement la «scène» et croise aussitôt André qui me remet ses radios pulmonaires. Je lui promets d'y jeter un coup d'œil le plus vite possible et lui demande d'amener le gars de la 39 en salle de réanimation. Arrivé au poste, je dis à l'infirmière-chef :

— Deux choses importantes : le patient de la 39 est en préchoc, dès qu'il est en salle on lui passe deux litres de lactate ringer à haut débit, une dose d'antibiotique, un gramme de méropénen en intraveineuse pour commencer, puis un bilan préop et la microbiologie...

— Deuxième chose importante, docteur Patenaude?

— À partir de maintenant, Mme Petit-Roy... Tremblay... ou etc. est une patiente VIP du docteur Picotte. Je me retire du dossier.

— Ça va être joli! La valse des tests et des spécialistes... Pas grave, tout est gratuit dans le «plusse» beau pays du monde!

ℜ

En revenant de la cafétéria (un muffin et un café), je croise la jolie et détestable docteure Noiseux qui tente tant bien que mal d'expliquer la gravité des trouvailles de ce matin au vieillard qui se remet à peine de son toucher rectal...

— C'est une tumeur maligne avec des métastases au foie, c'est incurable, mais si on vous opère et qu'on vous installe un sac abdominal par iléostomie, votre intestin ne bloquera pas et vous pourrez vivre plus longtemps.

— Un sac? Pourquoi un sac?

— Pour la vidange des matières fécales, voyons!

— Un sac pour...?

— Bien oui... un sac à merde! Je suis un peu pressée. Le médecin de l'urgence va vous expliquer tout ça.

ℜ

— Regarde Louis! C'est lui le pape en voilier!

Décidément, la machine semble vouloir s'emballer. Un petit homme aux traits tirés, au regard tendre et doux, se tient au chevet de la dame délirante de la civière 41.

— Vous êtes donc...

— Je suis le docteur Patenaude, le pape est parti en croisière sur son voilier.

Il sourit, mais je vois dans ce sourire toute la détresse du monde. Cécile est plus calme, le psychiatre lui a donné de l'haldol en intramusculaire. Assise en position du lotus sur sa civière, elle semble en pleine séance de yoga. Son mari ne sait plus trop quoi penser. D'une part, il est heureux que le psychiatre prescrive une hospitalisation de quelques jours – le pauvre n'en peut plus d'en assurer la garde jour et nuit –, d'autre part, puisqu'il n'y a plus de lits disponibles en psychiatrie, ils veulent la mettre en observation dans « le petit local du sous-sol » : une vingtaine de malades entassés, pas de fenêtre, pénombre continuelle... Cécile est claustrophobe.

Je rage. Le con à Picotte a rouvert le *bunker*, aussi surnommé « le trou », destiné aux schizos, sans-abri, délirants et éclopés de tout acabit... surtout à ceux et celles qui n'ont ni la manière ni les moyens de se plaindre.

— Je vais voir ce que je peux faire pour vous...

Au poste, Lyse, l'infirmière-chef, me confirme que la « caverne-à-Picotte » a été remise en service.

— Voyons doc, c'est un local idéal, l'entassement des bénéficiaires fait économiser sur les frais de chauffage, aucune fenêtre pour un plongeon encombrant pour les autorités... et surtout c'est bien à l'abri des regards indiscrets et critiques...

— Faut que je lui parle, trouvez-moi Picotte !

J'apprends qu'il a terminé sa tournée des « consultants » pour Mme Petit-Roy, cardiologie, neurologie et gastroentérologie, qu'il a prescrit deux échos, un *scanner* et assez de prises de sang pour rendre anémique un pachyderme.

— Eh bien, si elle n'avait rien de médical en nous arrivant, je pourrais jurer qu'elle va avoir tout un dossier en ressortant !

— Ça c'est presque rien, le docteur Picotte est maintenant à l'admission. Il fait des démarches pour lui obtenir une chambre VIP !

Et voilà. Le scénario n'est pas si rare : une chambre VIP pour les Mme Petit-Roy de ce monde... et les catacombes pour toutes les autres Cécile. Voilà pourquoi je m'étouffe tristement de rire chaque fois que les médias ou les politiciens (par souci de sensationnalisme ou pour se faire du capital politique) brandissent comme une calamité « à venir » le spectre de la médecine à deux vitesses. La médecine à deux vitesses, c'est presque chaque jour que nous la vivons dans les hôpitaux. Alors que les vierges toutes offensées qu'elles soient viennent donc constater *de visu* l'état présent de la situation avant de condamner toute réforme susceptible d'apporter non pas le «meilleur des mondes», mais peut-être certains correctifs aux «actuelles» inégalités et injustices de notre prétendu régime universel d'accessibilité.

H

Et puis c'est la ronde des bonnes nouvelles qui se poursuit. La docteure Noiseux voudrait que je convainque sa «victime de toucher rectal» d'accepter une intervention majeure appelée colostomie... qui lui permettrait de se rendre à l'été. L'état du Manchot ne cesse de se détériorer et on devra peut-être l'intuber et le mettre sous respirateur. Encore une fois, il ne manquait plus que la réapparition du sympathique Picotte!

Pourquoi avoir rouvert la salle du sous-sol jugée insalubre et non conforme aux normes minimales de confort? À cause d'un taux exceptionnel dépassant les 150 % d'occupation.

Pourquoi ne pas avoir privilégié la réouverture du sixième étage? Parce que la situation est «temporaire» et qu'il aurait fallu installer des barreaux aux fenêtres pour prévenir les pulsions suicidaires. De plus, compte tenu de la pénurie d'infirmières, il est plus facile de surveiller les malades au sous-sol qu'à l'étage.

N'est-il tout de même pas inacceptable de les enfermer dans ce trou? Mais où donc est passée ma conscience sociale? Préférerais-je les voir, pour plusieurs, retourner à la rue par ce froid polaire?

Est-ce que nous n'en faisons pas ainsi des malades de seconde classe? Je devrais bien sûr savoir que dans NOTRE système tous les patients sont égaux devant Hippocrate!

— Ah oui ? Et Mme Petit-Roy, vous allez l'envoyer au sous-sol des balafrés ?

— C'est un cas exceptionnel. Elle souffre peut-être d'immunodéficience. Elle ne peut côtoyer d'autres malades, car elle risque de graves infections.

— Étrange, rien de tout ça dans le bilan sanguin, à moins que son noble époux lui ait refilé un virus plus sournois... Vous voulez que je me charge de le convoquer pour un test de dépistage du sida ?

— Vous oubliez peut-être Patenaude que Mme Petit-Roy est dorénavant MA patiente. Vous êtes un peu irrascible depuis quelque temps. Des vacances vous feraient le plus grand bien... et je crois que MA patiente a raison, votre tenue vestimentaire laisse à désirer : vos chaussures sont tachées de calcium, votre uniforme est froissé et votre braguette est ouverte !

— Voyons cher docteur, un féru de proverbes tel que vous devrait savoir que « l'habit ne fait pas le moine ».

Fin de la leçon picottienne sur l'égalité des chances et les subtilités d'une bonne gestion économique en milieu hospitalier...

Я

Le « cubicule 7 » est un cas classique et presque quotidien dans toutes les urgences du pays. Quand votre infirmière-chef vous souhaite « bonne chance », en vous tendant le dossier d'un air entendu, vous savez déjà à quoi vous attendre.

L'homme de 27 ans, de fort mauvaise humeur d'avoir attendu trois heures, mesure près de 2 m, pèse près de 100 kilos, arbore fièrement une grosse barbe, des bottes de travail, jean et chemise à carreaux. Il souffre, depuis la veille, d'une douleur lombaire causée par un effort au travail. Le dossier antérieur est éloquent : au cours des quatre dernières années, notre taupin a souffert de ce même type de handicap, exactement à la même période de l'année ; ce qui est plutôt inusité, même s'il est vrai que les lombalgies, chez certaines personnes, ont étrangement tendance à suivre un modèle d'éclosion saisonnier... surtout à l'approche de Noël...

Il est étonné et même agacé que je lui demande de se dévêtir, ce qu'on n'exige jamais « d'habitude »... Tiens c'est même devenu une habitude...

— Pour les maux de dos, je préfère examiner mes patients dévêtus, ça me permet d'être plus précis dans mon diagnostic.

Avec l'expérience, j'ai bien évidemment acquis quelques trucs susceptibles de m'aider dans l'évaluation des douleurs lombaires ou musculaires chez les patients qui présentent des symptomatologies pour le moins douteuses. Si le malade bénéficie systématiquement du bénéfice du doute, s'il est non moins vrai que les blessures dorsales sont de plus en plus fréquentes, il n'en demeure pas moins que beaucoup exagèrent et même inventent certains symptômes pour se voir octroyer des arrêts de travail, des compensations monétaires et, fait de plus en plus fréquent, des prescriptions de médicaments de type narcotique.

Les manipulateurs avouent souvent des douleurs dans des zones anatomiques ne pouvant pas correspondre à la description du mouvement ayant supposément déclenché la souffrance ; cela est particulièrement vérifiable en ce qui concerne les épaules et les membres supérieurs.

Pendant que notre « cubicule 7 » se déshabille, je feins de consulter le dossier, mais de l'autre œil mon attention se porte sur la façon dont l'« estropié » se dévêt. Déjà, rien ne laisse supposer un problème très sérieux. Il se penche et détache ses bottes sans efforts, il retire son pantalon sans se plaindre. Ces toutes simples activités impliquent des flexions et des rotations du dos et des épaules généralement très ralenties chez les personnes présentant de véritables problèmes lombaires. « Malheureusement » pour le n° 7... ça ne semble pas être le cas.

C'est en soulevant une boîte que le dommage aurait été causé. Les mouvements bénins que je lui demande de faire (bien moins acrobatiques que ceux nécessités par l'exercice précédent) le font subitement se tordre de douleur. Il m'est impossible d'affirmer que tout cela n'est qu'une maladroite mise en scène, mais je sais que la douleur possiblement réelle n'a rien à voir avec le numéro auquel il vient de se livrer. De plus, la radio de la colonne lombaire s'avérera tout à fait normale.

— Excellente nouvelle! Rien de grave! Quelques jours de médication anti-inflammatoire, des travaux légers et de la physio quotidienne vont vite avoir raison de cette très légère entorse lombaire. Puis, n'est-ce pas merveilleux : la CSST va prendre en charge tout ça!

— Vous voulez dire que je retourne travailler comme ça?

— Oui monsieur, mais juste l'après-midi et je vais écrire «pas d'efforts». Le matin, vous irez suivre vos traitements de physiothérapie.

Il a l'air consterné. «D'habitude», on lui prescrit deux semaines de repos. «D'habitude», on ne l'oblige pas à faire de la physio. «D'habitude», le médecin est plus compréhensif. Il me demande mon nom, «pour s'en rappeler, la prochaine fois», car bien sûr... il ne doute pas qu'il y aura une «prochaine fois». Il saisit les documents et sort en claquant la porte.

— Il ne vous a pas mordu, docteur?

— Non garde, tout s'est merveilleusement bien passé...

— Vite docteur, le sans-abri ne va pas bien du tout... et il y a deux personnes qui demandent à vous rencontrer dans la salle d'attente.

— Dites-leur d'aller prendre un café, je les verrai dans une vingtaine de minutes.

Rien ne va plus pour le Manchot. Malgré l'intubation et l'ajout de puissants médicaments, sa pression chute. Je demande les inhalothérapeutes, mais aussitôt le cœur montre de sérieux problèmes de conduction électrique. Massage cardiaque externe, cathéter, stimulateur, ballon, tout se révélera inutile. À quatorze heures trente, malgré toutes les tentatives de réanimation, je ne peux que constater le décès de Monsieur Manchot, mort comme il avait vécu, discrètement, silencieusement, en marge... dans un autre corridor.

Comme je l'avais deviné, je rencontre Maïté et son père dans la salle d'attente. Ils sont venus dès que la secrétaire a réussi à les rejoindre. Radieuse, la jeune fille n'a plus rien de la pauvre fugueuse toxicomane qu'avait sauvée Manchot. Trois ans déjà. Je ne peux malheureusement que leur annoncer la triste nouvelle et leur expliquer les dernières heures du pauvre homme. Ils insistent pour se rendre à son chevet. Pendant que Maïté pleure en posant délicatement sa main sur celle du Manchot, son père me demande s'il peut être utile à quelque chose.

— Il n'avait ni nom ni adresse, pas de famille connue, vous êtes là, près de lui, c'est déjà beaucoup.

À ce moment même, Lili me présente un électrocardiogramme et un dossier : 37 ans, fumeur, douleur rétrosternal depuis 45 minutes, infarctus aigu, signes vitaux stables.

— Trois aspirines à croquer, une nitro et tu fais préparer de la thrombolyse. Je vous rejoins tout de suite.

Le père de Maïté, aussi ému que sa fille, me demande s'il ne serait pas possible, puisque le mort n'a aucune famille, qu'il se charge lui-même d'organiser des funérailles décentes et de lui trouver une place digne au cimetière.

— C'est une merveilleuse idée. Je crois qu'on peut arranger ça.

Maïté a repris ses études. Elle veut se diriger en service social. Depuis, elle et son père ont mis sur pied, grâce à l'expérience en hôtellerie, un petit service d'accueil, chambres et repas, pour les itinérants de leur quartier. Malgré les circonstances, je souris intérieurement, m'imaginant Picotte proclamant du haut de son mètre soixante : «Vous voyez bien Patenaude, je vous l'ai toujours dit : *à quelque chose malheur est bon*.»

ж

Croisant André, le préposé, je me rends compte que j'ai oublié de consulter ses radios. Je l'entraîne dans la petite salle et j'installe les films sur le négatoscope. La tache est évidente, une grosse masse circulaire à la périphérie du poumon gauche. Je remarque, du coin de l'œil, l'inquiétude d'André.

— Saute pas aux conclusions trop vite, on va montrer ça au pneumologue.

André est subtil et il n'est pas sans remarquer le regard réprobateur que je pose sur le paquet de cigarettes qui dépasse de sa poche.

— J'ai arrêté depuis six mois doc, je me demande bien pourquoi, maintenant. J'en garde toujours pour les patients en manque... surtout les schizos, ça les calme, ça évite trop d'agitation.

Je décide d'ouvrir tout de suite un dossier et de demander une hospitalisation et un scanner du thorax. Avec le pneumologue, pour qui le cancer fait peu de doute, nous prévoyons une bronchoscopie pour l'après-midi même, si possible. Je suis soulagé que nous puissions envisager un diagnostic si rapidement. Évidemment, j'entends certains lecteurs se passer la remarque : «Et ça, ce n'est pas de la médecine à deux vitesses? Si André avait dû passer par l'habituelle courroie de transmission : urgence, clinique externe, etc.?» Touché! Mais je me déculpabilise un peu en me disant que les André de ce monde sont quantité négligeable si on les compare à la cohorte des madames Petit-Roy qui hantent les hôpitaux.

Je ne peux m'empêcher de penser à tous ces fumeurs rencontrés au cours des années. Il n'est pas rare que l'on diagnostique un cancer quelques mois après qu'ils eurent enfin pris la sage décision d'arrêter. Cela n'a rien à voir avec la fatalité, encore moins avec l'ironie du sort. Plusieurs d'entre eux avouent même avoir cessé justement parce que quelque chose n'allait pas. Ces symptômes peuvent aller de la simple perte de poids à une toux chronique, mais également jusqu'aux bronchites à répétition, à l'essoufflement majeur et aux crachats sanguins. Il arrive même qu'une minuscule tumeur, encore imperceptible aux rayons x, puisse causer des symptômes physiques mineurs des années avant que l'on puisse en faire le diagnostic.

Une chose demeure statistiquement incontestable : après vingt années de tabagisme, les risques de développer un cancer sont mille fois supérieurs que chez les non-fumeurs.

Ⓗ

— Docteur, Picotte veut que vous libériez les civières 41 et 55, question de performance statistique j'imagine... La 41 refuse l'hospitalisation dans la caverne et le vieillard de la 55 ne veut rien savoir de l'opération pour le « sac à merde ».

En traversant le corridor, je croise le sourire narquois de Mme Petit-Roy qui a l'audace de me demander de faire réchauffer son café.

— Je suis certain que le docteur Picotte va se faire un plaisir de faire ça pour vous. Un chausson avec ça? Vous devriez également lui demander un masque, car je crains beaucoup qu'avec votre immunodéficience sévère vous risquiez d'attraper quelques méchants virus.

— Mon immuno... quoi?

Je poursuis mon chemin sans me retourner; tiens donc, il semble bien que le sourire narquois ait changé de visage...

Les époux de la 41 me font pitié. Lui, paraît m'attendre, résigné, la dame est presque immobile, le haut du corps tanguant doucement de gauche à droite, toujours sous l'effet du calmant. Vêtue d'un très vieux manteau bleu qui dégage une indescriptible odeur de boules à mites, de cigarette et de friture, elle arbore déjà une tuque orangée en *phantex*. Manifestement, ils sont prêts à quitter les lieux.

— C'est pas possible pour elle d'aller dans le local du sous-sol. La dernière fois, elle a tellement capoté qu'ils ont dû la garder attachée pendant trois jours. D'ailleurs, elle va beaucoup mieux, on aime mieux retourner à la maison, regardez comme elle est calme maintenant.

Je sais bien que cela est dû au médicament et que le mari tente de minimiser le problème par crainte que je refuse de signer son congé. Il dit que la marche au grand air lui fera le plus grand bien. Je constate au dossier qu'ils habitent plutôt loin de l'hôpital.

— Attendez ici, on va vous appeler un taxi. Je vais vous faire donner un ticket, c'est l'hôpital qui va payer.

— T'as entendu ça, Cécile, on va faire un tour de machine, l'hôpital nous paie un tour de machine...

— On va en voilier... est-ce que le pape vient avec nous?

Il me regarde et je ne sais pas ce qui me désole le plus dans le sourire qu'il m'adresse : le désespoir ou la reconnaissance?

Scénario comparable rendu près de la civière 55. Le cancéreux de l'intestin et du foie attend, lui aussi, silencieux, sans rien exiger.

— Vous êtes vraiment décidé à partir?

— Du plaisir? Non, je n'ai pas vraiment de plaisir!

Il faudra que je hausse le ton de quelques décibels. Il a bien mieux compris la situation qu'il veut le faire croire. Il est veuf, il a 88 ans et il a un petit chien dont il doit s'occuper. La doctoresse lui a tout expliqué, la tumeur, le sac et le foie.

— Donc pas d'opération?

— Que feriez-vous si vous étiez à ma place ?

— Je pense que si vous étiez mon père, je vous donnerais raison et je vous conseillerais d'attendre que l'intestin bloque. Il sera alors peut-être encore temps d'installer le fameux petit sac.

— Je savais qu'entre personnes de bonne volonté on pouvait arriver à se comprendre.

— Alors, vous revenez si ça recommence ?

— Marché conclu ! me dit-il, me serrant la main avec une surprenante énergie et se dirigeant vers la sortie d'un pas non moins étonnamment alerte.

C'est Picotte qui sera content : deux belles civières libérées pour les sacro-saintes statistiques du SCROU ! J'ai d'ailleurs à peine le temps d'aviser André de se préparer pour sa brochoscopie et de demander à Sylvie de préparer un ticket de taxi pour la dame de la civière 41 qu'il se pointe, servilement suivi de sa petite cour.

— Un ticket de taxi ? Cela ne doit être utilisé que dans des cas exceptionnels, docteur Patenaude.

— Eh bien c'en est un : la psychiatrisée de la 41 a refusé le Hilton du sous-sol, il fait -20° et elle n'a pas le sou !

— Vous voulez dire qu'une bénéficiaire refuse un traitement dans NOTRE institution et que NOUS lui payons le taxi pour le retour à la maison ?

— Belle enquête, docteur Picotte, vous avez tout compris.

— Nous en reparlerons à la prochaine réunion. Pour l'instant, écoutez donc la proposition qu'a à nous faire le docteur Affi-Davitt, dans le but d'améliorer nos statistiques.

Le docteur Affi-Davitt prend la parole... et je deviens le « doctur Patinôd ». Mais l'essentiel de son propos est linguistiquement clair, si l'argumentation, elle, demeure statistiquement suspecte.

C'est si simple. Pour « améliorer » (faut voir le sens exact de ce mot dans le contexte précis d'une urgence...) notre pourcentage d'occupation, il suffit de demander à la régie régionale d'augmenter le nombre de civières permanentes qui pourraient passer de 30 à 50, par exemple... par le fait même nos statistiques d'occupation «s'amélioreront»...

Devant mon air pour le moins ahuri, et croyant que je ne saisis pas toute la pertinence de l'entourloupe, Affi décide d'y aller dans le «concret» (encore là vaut mieux savoir ce que signifie ce terme quand il est question de statistiques...) : présentement, il y a 70 bénéficiaires (le revoilà, le foutu mot!) dans nos corridors. Notre taux d'occupation dépasse donc les 200 %, puisque la régie nous autorise à avoir 30 civières. Si celle-ci nous en permettait 50, notre taux d'occupation diminuerait à 130 %. C'est ça la magie des chiffres et des statistiques.

Mais le «doctur Patinôd» feint de réfléchir en regardant le large sourire de la troupe qui attend sa réaction.

— Mais qu'est-ce que ça change? Dans la vraie vie, il y aura toujours 70 malades dans NOS corridors.

Décidément je ne comprends rien, si j'en crois l'éclat de rire général qui accueille mon simpliste argument. Heureusement, la docteure ès-loisirs ex-directrice de CLSC joindra ses compétences à Affi pour m'expliquer ce qui semble définitivement m'échapper dans la réalité de «la vraie vie».

Il semblerait que même quand nous parlons chiffres et statistiques, c'est toujours des malades dont nous parlons! Car, au centre de toutes les réformes trônent les bénéficiaires. Les statistiques, comme les sondages, gouvernent, précisent et dictent les décisions qui sont toujours prises «dans le meilleur intérêt du malade». De bonnes statistiques contribuent à sécuriser le grand public qui, chaque matin, consulte le *Journal de Montréal* pour se renseigner sur le taux d'occupation des urgences de la métropole. Les mauvaises statistiques énervent tout le monde, surtout le ministre de la Santé. Et (roulement de tambour!) c'est le MINISTRE qui évalue cycliquement la performance des hôpitaux, augmente leur budget ou les pénalise selon les résultats. À qui donc profiteront les retombées de bonnes, bien que suspectes, statistiques... sinon aux bénéficiaires eux-mêmes ? À qui d'autre «doctur Patinôd»?

Là les disjoncteurs chauffent et ma «qualité d'écoute» diminue dans un rapport statistique inversement proportionnel à la force du cri qui me monte à la gorge.

— Vous voulez vraiment mon opinion ? Qui bénéficiera des retombées? Je crois qu'il y aura une grande réaction en chaîne, comparable à une véritable cascade de bonheur! D'abord le docteur Picotte sera sans doute promu directeur de l'hôpital. Puis, laissez-moi deviner... le directeur de l'hôpital prendra la place du directeur de la régie régionale, lequel ne tardera pas à se voir offrir un poste de sous-ministre... Quant aux bénéficiaires, je crois sincèrement qu'ils n'en seront pas moins nombreux à être cordés dans les corridors, sans doute fous de joie que leur pourcentage, lui, ait diminué! Maintenant vous allez m'excuser, j'ai quelques «statistiques» à aller soigner...

En me dirigeant vers le poste, j'ai tout de même le temps d'entendre le chef de troupe annoncer gaiement :

— *Ok guys!* mes amis, *we have done a good job today, for now the game is over, see you next* «loundi»!

Sylvie m'apprend que le jeune cardiaque répond très bien au traitement ayant pour but de faire fondre le caillot sanguin et qu'il n'a plus aucune douleur. Puis, elle me communique la nouvelle «statistique» du jour : le docteur Picotte a finalement autorisé, avec les habituelles réserves, le ticket de taxi de 8 $ pour le couple de la 41.

Cette fois, je préfère me taire. Je n'en pense pas moins aux 750 $ que coûtera quotidiennement la chambre privée réservée à Mme Petit-Roy et à tous les cas semblables que Picotte nous impose : la femme d'un conseiller municipal qui avait besoin d'un sevrage à l'alcool et aux benzodiazépines et qu'il a fait hospitaliser sous un diagnostic de gastro-entérite pour sauver les apparences; un généreux donateur de la fondation de l'hôpital qui a bénéficié du même traitement pour une simple batterie de tests, sans même transiter par l'urgence... et tant d'autres, tant d'autres...

Au même moment, un préposé pousse une civière sur laquelle repose une dépouille recouverte de l'habituel linceul blanc.

— Salut, Manchot...

7

Toubib *or not* toubib

Qui donc a dit : «Que la préhistoire est longue et que le bonheur est lointain!» En tout cas, il n'aurait certainement pas changé d'idée en observant la situation en cette rigoureuse journée de décembre. Deux nouvelles ambulances en salle 14 : un enfant de cinq ans, asthmatique (arrivé seul!), et un vieillard de 82 ans, en fugue (seul aussi... bien entendu).

Le bambin est paniqué, le lait séché et le chocolat qui barbouillent son visage lui donnent l'air d'un clown bon marché, son chandail est à ce point maculé d'indéfinissables substances qu'on y devine à peine Garfield. L'infirmière n'est pas parvenue à en tirer un mot entre larmes et cris.

— Ton petit animal à la maison, il s'appelle comment?

— Pitou.

— C'est un oiseau ou une tortue?

— Un chien voyons!

— Et monsieur Pitou, il est vert ou rose?

L'orage est passé. L'esquisse d'un sourire me laisse croire que cet enfant, parachuté dans cet endroit qui ne peut que lui paraître hostile, acceptera que je l'examine.

— Jaune, ça existe pas les chiens roses.

— Et si je lui coupe le poil, il sera de quelle couleur monsieur Pitou?

— Ça compte pas... le poil jaune va repousser!

— Un à zéro pour toi... Toi, tu t'appelles aussi Pitou...?

Il s'appelle Jérémie Lafleur et il veut voir sa maman (cyniquement je ne peux m'empêcher de me demander pourquoi). Il a une légère infection aux amygdales et une crise d'asthme modérée. À l'écart, l'infirmière me félicite pour mes dons pédagogiques. Je lui dis qu'entre hommes on arrive toujours à se trouver des intérêts communs... encore quelques minutes et lui et moi abordions sports, voitures et femmes...

Le témoignage de l'ambulancier est à la fois troublant, mais malheureusement bien peu original : un party monstre avec le chèque de début du mois, une maison à la dérive, alcool, drogues «douces», et une mère qui ne peut laisser «l'autre enfant» parce qu'elle n'a pas de gardienne...

— Elle va passer le «reprendre» plus tard!

Je me rappelle la célèbre phrase d'un ex-premier ministre : «Même les oiseaux ne font pas ça à leurs petits.» Phrase qui s'était révélée maladroite dans les circonstances pré-électorales... mais tout de même d'une telle vérité sur les formes diverses que peut prendre ce que nous appelons trop généralement LA pauvreté.

En seize ans à l'urgence, j'ai été témoin de tant de drames impliquant des enfants laissés à la garde de parents alcooliques, toxicomanes ou simplement irresponsables : noyades dans des bains et même dans des cabinets de toilette, brûlures sévères et même décès d'enfants «oubliés» dans le brasier par des parents intoxiqués, empoisonnements souvent fatals par des médicaments ou des produits toxiques négligemment laissés à la disposition de l'enfant... et tellement d'enfants maltraités par des mères dépressives, des conjoints violents ou des gardiennes irresponsables.

La pathologie de Jérémie est mineure, mais je vais tout de même l'hospitaliser en pédiatrie et demander une évaluation urgente de la situation familiale à la Direction de la protection de la jeunesse. Il nous arrive malheureusement de mal évaluer certains contextes et d'avoir, après coup, à affronter le blâme des parents pour notre «zèle». Mais ce n'en est pas moins notre responsabilité de médecin et plus simplement de citoyen de dénoncer, avec circonspection, les cas suspects.

⌧

Après m'être assuré du transfert de Jérémie à l'unité de pédiatrie, je vais évaluer notre jeune fugueur de 82 ans. Aucun antécédent médical, autonome, Gaston mène une vie sans histoire avec son épouse, à Rimouski. Parti la veille pour faire quelques courses dans le quartier, il a été retrouvé ce matin même, sur l'autoroute transcanadienne, à plus de 400 kilomètres de son domicile, roulant en sens inverse de la circulation...

Outre une évidente désorientation temporelle et spatiale (il ne sait pas où il se trouve, encore moins comment il s'y est rendu), l'examen préliminaire est «normal». On lui a récemment prescrit un médicament de type benzo pour combattre son insomnie, mais à part ça, rien d'exceptionnel. Il nous reste donc à lui faire subir une batterie de tests susceptibles de nous informer sur les causes de sa dangereuse cavale.

Entre-temps, les «petits cas» s'accumulent : grippes, maux de dos, gastro, etc. Une jeune fille de seize ans, issue d'une famille monoparentale dont la mère est serveuse dans une pizzeria, souffre depuis plusieurs mois d'engourdissements faciaux, de vision double et d'autres symptômes qui pourraient malheureusement signifier un début de sclérose en plaques. Comme l'attente de plusieurs mois lui est devenue insoutenable et qu'elle n'a pas les 650 $ nécessaires pour payer l'examen de résonance magnétique, la mère a même pensé alerter Paul Arcand pour dénoncer les aberrations du système de santé. Je décide donc de l'hospitaliser immédiatement pour permettre à l'adolescente de subir, dans des délais plus raisonnables, l'examen sophistiqué qui permettra, peu importe le verdict, d'apaiser la tension et l'anxiété créées par l'attente et l'incertitude.

Quant aux menaces de sa mère d'avoir recours aux médias pour sensibiliser les gens à sa situation, je n'aurais pu que l'encourager à le faire. Car cela me semble une démarche justifiée dans un contexte où l'ensemble du système de santé a été littéralement «pris en otage» par des politiciens, des hauts fonctionnaires, des dirigeants de régies régionales qui n'ont aucun scrupule à payer de pleines pages de publicité dans les grands quotidiens pour claironner à quel point, sondages scientifiques à l'appui, notre système de santé est apprécié par les bénéficiaires statisfaits des soins qu'ils ont reçus.

Quelle farce! Et qui, de plus, ne dupe plus personne, puisque l'ensemble de la population sait pertinemment bien que le véritable problème ne se situe pas au niveau de la qualité des soins, mais précisément sur le plan de l'accessibilité à ces mêmes soins. Population ciblée, questions bien dirigées sur des sujets préétablis, des statistiques, encore des statistiques étrangement conformes aux résultats tant escomptés. Et le plus cynique de cette situation demeure que tant le sondage que sa diffusion publicitaire auront été payés AUSSI par celles et ceux qui attendent toujours ces merveilleux soins dont nous devrions toutes et tous être collectivement si fiers!

❒

Seize heures. Changement de garde, déjà! C'est la cohue au poste des infirmières. L'infirmière-chef doit obliger Roxanne, la jeune infirmière ayant le moins d'ancienneté, à travailler jusqu'à minuit.

— Qui est-ce qui va aller chercher mon fils à la garderie?

On ne le répétera jamais assez: l'actuel fonctionnement des hôpitaux est archaïque et proprement dérisoire. L'hôpital est un «employeur abstrait» qui n'a aucune considération pour ses employés : de très rares services de garderie pour les employés ; un véritable mépris de la santé physique des travailleurs ; nourriture médiocre, peu d'aires de repos, plus rarement des salles d'entraînement, des lieux de travail à l'hygiène souvent discutable et l'absence quasi généralisée de services d'aide et de support psychologique pour affronter certaines situations extrêmes... Bref, un ensemble de lacunes qui devraient paraître encore plus aberrantes aux yeux des responsables puisqu'on parle ici d'un milieu visant, par la nature même de son mandat, le mieux-être et la guérison de ses usagers.

Aussi n'est-ce pas un pur hasard si l'absentéisme pour cause de maladie ne cesse d'augmenter. On oblige une jeune infirmière inexpérimentée à travailler durant seize heures, à négliger ses obligations familiales, mais à garder le sourire malgré le stress, la fatigue et des bénéficiaires et leurs familles parfois exigeants, impatients, voire arrogants et impolis. En viendrait-elle à perdre patience ou à manquer de compassion qu'une plainte sera acheminée aux administrateurs qui ne se gêneront pas pour lui demander des explications, exiger des excuses et noter ce « grave écart de conduite » à son dossier professionnel.

Dans le cas de Roxanne, la mort d'un patient, qui occupait l'un des lits de l'urgence, la « libérera » quelques heures plus tôt, le temps d'accueillir la famille du défunt et de procéder au transfert des malades. Ainsi pourra-t-elle voir son fils avant qu'il s'endorme. Voilà jusqu'à quel point la situation peut devenir cynique : la mort d'un malade sera même éventuellement accueillie comme un « heureux » événement...

⊞

Je croise de nouveau André, le préposé, mais cette fois il est en chaise roulante, de retour de son scanner et de sa bronchoscopie. J'ai déjà parlé au pneumologue.

— Deux nouvelles, André...

— Je connais la chanson, doc... commencez donc par la mauvaise.

— Il y a bel et bien un cancer, la bonne : c'est très opérable et il y a très peu de risques de séquelles ou de récidives.

Il saisit son paquet de cigarettes et le lobe avec une remarquable maîtrise dans la corbeille à déchets qui se trouve à plus de quatre mètres. Les infirmières applaudissent.

— Un à zéro pour toi, André.

Au poste, Laurent se prépare à me relever. Deux mètres, plus de 100 kilos, 46 ans, ancien footballeur, d'un tempérament calme et doux, Laurent pratique la médecine d'urgence depuis 22 ans. Depuis plusieurs années, nous sommes de grands amis et surtout de redoutables complices dans l'adversité quotidienne.

— Salut Bob! les filles m'ont dit que l'auberge est *no vacancy*. La fin de semaine s'annonce bien.

Je le mets au courant de la situation ainsi que du débarquement du SCROU. Au même moment, une femme dans la trentaine, titubant péniblement vers nous, gueule sur un ton hystérique qu'elle veut son fils, qu'elle veut ramener son petit Jérémie à la maison. Voici donc l'incarnation même de l'instinct maternel.

Je lui annonce que son fils est traité pour sa crise d'asthme et qu'il est pour l'instant hospitalisé en pédiatrie. Contre toute attente, elle crache dans ma direction et j'évite de justesse «le fruit de son impolitesse». Je comprends *illico* que la DPJ n'a pas laissé traîner le dossier du copain Jérémie. Dès le «tir» raté de la dame, Lyse a lancé un code rouge pour agression contre un membre du personnel. La femme est très gentiment maîtrisée par l'agent de sécurité arrivé sur les lieux et amenée dans une salle qui sert bien plus souvent qu'on peut le croire.

— J'imagine que vous ne voulez pas porter plainte, docteur Patenaude?

— Tu as un très bon sens de l'imagination, Jean, et puis tu connais le célèbre proverbe qu'aurait pu inventer le docteur Picotte?

— Le proverbe?

— Bien oui : «Toubib *or not* toubib», Jean... «Toubib *or not* toubib», voilà la seule question qui compte vraiment.

🄷

J'examine le dossier de notre jeune fugueur de 84 ans. Tous les tests sont normaux. Le puissant somnifère semble bel et bien le seul responsable de l'état confusionnel qui aurait pu être fatal. Bel exemple parmi tant d'autres de prescription excessive. Le cas est loin d'être rare, surtout quand il est question des personnes âgées.

Ça devrait suffire pour aujourd'hui. Pour me rendre au salon des médecins, je retraverse, pour la enième fois aujourd'hui, ce corridor si sinistre où près de 70 patients sont allongés dans leur «chaloupe», soumis aux caprices de la «turbulence des fluides» : arrivées, départs, urgences plus urgentes, décès. Bref les «bénéficiaires», à n'en pas douter, bénéficieront pleinement du désolant spectacle de la remarquable inefficacité de notre prétendu «système» de santé.

Et ce, tout particulièrement à cette heure de grande effervescence où les civières bouchonnent le corridor. Les employés y font figure de contorsionnistes dans ce tintamarre si peu propice au repos : bruits d'inox qui se mêlent aux pleurs, aux gémissements, aux halètements de tous ces corps qui parlent comme ils le peuvent, qui transpirent, qui dégagent d'indescriptibles odeurs de maladie et de mort.

Car elle est partout, la mort, elle guette, sournoisement dissimulée derrière une tige à soluté, une civière, sous un drap ou même sous cet éclat de plâtre qui lentement se décolle du plafond. Elle n'attend qu'un signal... souvent qu'un consentement...

Un étage plus bas, pas très loin de la caverne à Ali-Baba-Picotte, le salon des médecins, prétentieusement surnommé «l'aire de repos», offre à son tour un spectacle bien peu réjouissant : design datant de la mode disco des années 1970, murs mauves, plafond jaune soleil, il n'y manque tout compte fait que la boule en miroirs et le classique *I will survive* en quadraphonie de centre commercial.

L'ameublement est... sobre. Trois causeuses éventrées, agonisant sous le poids des années et des médecins, une table rectangulaire bordée d'une dizaines de chaises en résine de synthèse. Disparaissant presque dans le ventre de l'un des dragons de cuirette, le docteur Dansereau, anesthésiste, s'est endormi, après vingt-deux heures passées à la salle d'opération... et sa journée n'est pas terminée.

Un poste de télévision, en équilibre précaire sur un vieux meuble, ne semble pas avoir été fermé depuis quelques années. Le local n'est certes pas un exemple de propreté et de salubrité. D'innombrables plateaux à nourriture y traînent où moisissent en toute quiétude les vestiges de l'inventive gastronomie du chef cuisinier de la cafétéria. Les tasses, les canettes de boisson gazeuse s'empilent dans tous les coins de la pièce, quelques mégots de cigarettes noyés flottent à la surface de liquides indéfinissables dans des fonds de verre sur le rebord de la fenêtre où quelques irréductibles fumeurs tentent d'expirer leurs gaz néfastes à l'extérieur du local. Oui... décidément, la scène est postnucléaire.

8

Vivre à l'île merveilleuse

Assise à la table avec les docteurs Poulin, urologue, et Monet, spécialiste en golf, tennis, voiture sport... et chirurgie plastique, l'antipathique gastro-entérologue Noiseux s'enquiert du résultat de mes «négociations» avec «son» cancéreux du rectum :

— Alors, il a accepté l'opération?

— Non, il reviendra quand il sera bloqué pour faire appel à vos services de plomberie.

— Tant pis pour lui, vieille mule!

— Et tant pis pour vous, docteure Noiseux... faudra vous trouver un autre intestin...

Je récupère dans mon casier les résultats de laboratoire concernant les tests qu'ont passés les malades et me laisse choir dans l'une des lamentables causeuses. Comme l'aurait peut-être exprimé Jean Perron, je regarde tout ça d'un œil distrait «et j'écoute de l'autre». La conversation de «mes» trois spécialistes est une véritable pièce d'anthologie : éloge quasi poétique de l'Île-des-Sœurs, du tennis de l'Île-des-Sœurs, du *sporting club* de l'Île-des-Sœurs, du supermarché de l'Île-des-Sœurs, des restaurants et du *cruising bar* de l'Île-des-Sœurs.

Le tour du monde des problèmes en quatre-vingts secondes : un problème de gardienne, de femme de ménage, bref à tout faire? Les Philippines sont excellentes, deux ans d'«esclavage» légalisé pour obtenir la lettre de l'employeur qui leur donnera peut-être accès à notre «plusse» belle nationalité... sans compter, dixit notre poétique plasticien, que «certaines sont pas mal jolies...». Un problème d'impôt? Tu mets le salaire de la Philippine sur tes dépenses de bureau, si l'impôt vérifie, tu fais l'épais et dis que ce doit être une erreur du comptable. Etc. *Ad nauseam*...

Quand arrive la «question politique» du jour, le sort des pauvres spécialistes auxquels le gouvernement n'offre que 3 % d'augmentation et des moyens de pression à mettre en œuvre pour obtenir le «respect» qui leur est dû, je me rappelle subitement que j'ai un souper, chez des amis... à l'Île-des-Sœurs...

Mais il y a aussi Réal, alias Gogosse, mon beau-frère se mourant d'un cancer du foie aux soins palliatifs de l'hôpital Saint-Christophe... Mon téléphone de désistement à Louise et Christian pose bien évidemment quelques petits problèmes : les plats commandés chez Toqué, les légumes bio-certifiés, les sushis de poissons exotiques et sauvages, la pieuvre de la mer des Sargasses et le caviar de Russie... sans compter une avocate du bureau de Toronto, «fraîchement divorcée et invitée juste pour moi»...

Je ne peux m'en sortir qu'en promettant de tout faire pour me joindre à eux pour le dessert; Christian aimerait tellement «parler avec toi des moyens de pression à prendre dans votre négociation avec le gouvernement...». J'entends ça d'ici : les salaires des médecins de Toronto, notre taux d'imposition aberrant, les heures de travail inacceptables, les quotas d'opérations, le tout agrémenté avec les fesses du nouveau professeur de tennis, le problème de freinage des voitures allemandes et la paresse des servantes haïtiennes.

— Promis, Louise, promis. Je ferai mon gros possible, mais mon beau-frère peut mourir d'un moment à l'autre, alors...

— Non mais... il pourrait pas attendre à demain ton beau-frère...?

Rideau.

9

Misère sur la ville

Avant de quitter l'hôpital, je prends des nouvelles de Réal auprès de ma mère. La situation ne s'améliore pas, il est très amaigri et son ventre est gonflé comme une baudruche par les liquides sécrétés par le cancer du foie.

— Je lui ai apporté une vraie assiette de Noël, dinde, tourtière, patates pilées, canneberges... il a presque rien mangé, mais tu imagines bien qu'il a quand même bu le verre de vin rouge...

— Au point où il en est, ça peut juste lui faire du bien, maman. J'ai annulé mon souper à *Paradise Island*. Je passe le voir dans une petite heure.

En me rendant au poste des infirmières, je croise le pneumologue Bernard : le cancer d'André est « un beau cancer », bien localisé, sans signe de ganglion métastatique. L'opération devrait être une « formalité ». Je laisse au poste un petit mot d'encouragement à mon préposé préféré.

Puis, presque arrivé à la porte de l'urgence, c'est la fille de Mme Viens qui m'intercepte, pleurant de joie – mais toujours pas de Kleenex... – et me remerciant, car sa mère a traversé avec succès les deux interventions délicates qu'elle avait à passer. Je lui explique que tout cela n'a été possible que grâce à un vrai travail d'équipe, mais que les véritables sauveurs de sa mère ce sont surtout les deux adolescents qui ont pratiqué les manœuvres de réanimation dès l'accident cardio-vasculaire.

Souriante, elle me serre la main ; je ne sens rien de l'air froid de décembre qui s'engouffre par les portes coulissantes de l'urgence. Ces portes qui s'ouvrent, une fois encore, sur la misère des corps et des cœurs.

Je décide de marcher jusqu'à l'hôpital Saint-Christophe, quatre ou cinq kilomètres d'air très frais me feront le plus grand bien. Rue Sainte-Catherine, à presque toutes les intersections, un autre *Manchot* a établi son territoire. Sans âge, balafré, mentalement fragile, tremblant de froid ou de manque, il tend silencieusement une mitaine percée ou alors l'accompagnant d'un discours aussi incohérent que généralement mensonger.

Et je donne, sachant pertinemment que mon don risque de servir, bien plus souvent qu'autrement, à l'achat de ce qui calmera, pour un temps si dérisoire, l'agitation incontrôlée de cet homme, de cette femme. Malgré l'utilisation douteuse donc qui sera faite de ma très «facile générosité», j'aime bien savoir que mon don se retrouve intégralement dans la mitaine percée du «bénéficiaire»...

Car s'il ne faut pas céder au piège de la généralisation, quelques expériences plutôt malheureuses avec la récente «industrie officielle de la sollicitation» m'ont rendu pour le moins méfiant. L'actuelle prolifération de fondations-à-but-non-lucratif-dévouées-à-la-cause-des-plus-démunis discrédite malheureusement les organismes sérieux et honnêtement engagés dans cette lutte quotidienne contre la pauvreté et l'itinérance. Trop «d'émetteurs de reçus d'impôt» profitent du laxisme bureaucratique des gouvernements pour détourner des fonds publics dans des salaires-à-but-non-lucratif de dirigeants, directeurs des finances, directeurs des communications d'organismes qui se contentent de «prévention» et de «sensibilisation» à la cause tant les revenus générés par les collectes de fonds couvrent à peine les frais de gestion et les dépenses diverses et souvent occultes (voyages, repas, frais de représentation, etc.) de ces supposées campagnes humanitaires.

Après quelques coins de rue territorialisés, mes poches sont vides. J'ai donné, à ma façon, même si je suis conscient que cette façon de faire n'est peut-être pas la plus pertinente. Un front polaire assiège la ville. Je dois avancer tête baissée, la main plaquée contre la bouche. Je pense à cette époque qui me paraît lointaine (seize ans déjà!) où ma profession était si simple : soigner des malades!

Depuis, il n'y a plus d'hôpitaux, mais des centres de soins de courte ou longue durée, plus d'infirmières mais des intervenantes de soins, les balayeurs sont des techniciens en surfaces planes, pour les murs, il y a les techniciens en surfaces verticales. Quant à ceux et celles qui nettoient les chambres, ce sont devenus des techniciens en stérilisation ou des techniciens en entretien... ET SURTOUT : plus de malades, mais des bénéficiaires... La maladie n'existe plus lexicalement parlant, les bénéficiaires... bénéficient... mais de quoi donc? De soins gratuits, voyons! Et si vous n'êtes pas reconnaissant à l'État de tant BÉNÉFICIER, pensez, comme le suggérait récemment un triste politicien, «aux quarante-cinq millions de pauvres gens qui n'ont pas accès aux soins aux États-Unis, à tous ceux d'Afrique, d'Indonésie, d'Irak ou du Timor oriental!»... Ingrats que nous sommes, nous qui vivons dans «le plusse généreux pays du monde»...

Triste stratégie que cette «politique du pire» qui ne vise qu'une chose : culpabiliser, infantiliser les malades et leur faire accepter leur enviable sort... comme ces enfants qu'on oblige à terminer leur repas en agitant le spectre de ces millions d'autres qui meurent de faim. Étrange, tout de même, que les comparaisons se fassent beaucoup plus rarement avec des pays qui, avec un niveau de vie comparable au nôtre, offre des soins de qualité supérieure : la Suède, la Norvège, la France, la Suisse et bien d'autres.

Il m'arrive, je l'avoue, à quarante-six ans à peine, d'avoir le goût de tout foutre en l'air, tant j'ai de plus en plus l'impression que l'on s'évertue à tout mettre en place pour nous empêcher de pratiquer une belle médecine, une médecine à dimension humaine, pensée d'abord et avant tout pour celles et ceux qui y auront recours.

Malheureusement, il faut croire que la misère, la souffrance, la maladie sont désormais des armes politiques et, chaque quatre ans, des munitions électorales. Nous avons à ce point intériorisé le discours de nos hommes et de nos femmes d'État qu'il nous apparaît dorénavant «naturel» que la SANTÉ constitue un enjeu POLITIQUE... (nous y reviendrons).

Il n'y a qu'à voir l'incessante valse-hésitation des réformes et contre-réformes, au centre desquelles, dit-on toujours, trône le bénéficiaire, pour constater à quel point les misères de celui-ci sont devenues une source inépuisable de capital politique. S'ensuit immanquablement la danse des millions. Un seul exemple suffira pour illustrer cette hallucinante pratique des «vases communicants» : on apprenait récemment que le gouvernement allait investir des centaines de millions dans les «soins de première ligne». Les CLSC, dorénavant ouverts tous les jours, deviendraient le «front» principal des «soins de première ligne» dont on exclut magiquement les services d'urgence. Alors qu'on sait qu'il n'y a actuellement que quelques CLSC qui offrent de tels services (et aux heures de bureau de la semaine) et qu'il y a déjà pénurie de médecins dans les urgences des hôpitaux... où Dieu trouveront-ils les docteurs pour maintenir ces mêmes soins dans TOUS les CLSC ?

Fascinant que ce soit ces mêmes piètres mathématiciens (politiciens, bureaucrates, administrateurs... et pseudo-penseurs de toutes sortes) qui additionnent, soustraient, multiplient et divisent à cœur d'année et de sondages pour nous rassurer avec leurs statistiques «raisonnables» et un impressionnant taux de satisfaction national dans notre système de santé !

ж

J'ai passé plus de la moitié de ma vie dans un hôpital. Aurai-je seulement les capacités physiques et psychologiques d'y faire ma niche un autre dix ou quinze ans ? Ce travail exige bien davantage que la simple mais déjà complexe compétence professionnelle : calme, sang-froid, concentration de tous les instants évidemment, mais aussi le sourire, la qualité d'écoute, la compassion, l'empathie et une étonnante facilité à «présenter la joue gauche».

Toutes ces aptitudes s'érodent avec les années. Et cela n'est pas sans conséquences sur la vie dite privée : radicalisation des idées et des prises de position, manque d'indulgence envers les autres, intransigeance et manque de tact face aux amis les plus proches... sans parler de la vie sentimentale qui, à cause de tous ces paramètres, tend à ne devenir qu'une succession d'aventures sans cesse plus insatisfaisantes.

Heureusement, il me reste le sport et l'activité physique comme voie de défoulement. Et là encore, il ne peut y avoir de «salut» pour moi que dans la quête des extrêmes : courses de voilier en solitaire, escalade, traversée du désert, ski hors piste entre deux avalanches. Au travail comme au «repos», j'ai toujours préféré «naviguer au plus près du vent». Ainsi, je désamorce, je désamorce et je maquille l'angoisse d'adréna-line et d'andorphine... C'est là l'ordonnance professionnelle que je me suis donnée, tant il est vrai qu'une visite chez le psychologue me paraît encore plus risquée que la descente de l'Amazone !

La sympathique crête rouge du bon coq St-Hub, accompagnée de la franche odeur de poulet grillé et de friture salée, me tire de mes rêveries existentielles. Je n'ai presque rien mangé de la journée et je me souviens que Réal et ma sœur Diane, chaque début de mois, célébraient l'arrivée du providentiel chèque de bien-être par cette ultime gâterie.

Comme rien ne semble être simple aujourd'hui, il me reste encore à faire des choix : cuisse ou poitrine? frites ou salade? salade traditionnelle ou crémeuse? Pepsi, Seven-up, orangeade? ketchup? un dessert? des ustensiles avec ça? La jeune serveuse pitonne pendant que sa gomme s'empêtre sans arrêt dans le clou argenté qui lui traverse la langue. « Ça fait 17,34 $, avec la taxe. Comptant? carte de crédit? paiement direct? »

Quelques minutes plus tard, je quitte les lieux, souriant, avec mes boîtes bien ficelées et agréablement chaudes; cela vaudra bien toutes les agapes gastronomiques à *Paradise Island*. Arrivé à la porte de l'hôpital Saint-Christophe, je prends une grande inspiration. La fraîcheur du nordais me transperce les poumons et me sort brutalement de cette torpeur presque trop tiède.

J'escalade les marches deux à deux.

Réal *for real*

1
Le temps doit vivre

Décidément, le mauvais sort s'acharne : dès le hall d'entrée, une énorme affiche fait la promotion de la Fondation des andouillettes. On y retrouve une photo géante du «bon» docteur Petit-Roy, dont le large sourire et les bras grands ouverts de vendeur du temple accueillent les visiteurs. Comble du mauvais goût, sa sinistre tête est auréolée d'un halo brun représentant les divers segments d'un gros intestin et un phylactère lui fait niaiseusement décréter : «Ensemble on peut faire avancer les choses, donnez généreusement!»

Un gros marqueur au feutre noir oublié dans la poche de mon veston m'incitait aux pires délinquances «graffitiques», si mon dégoût n'était pas plus grand encore que cette puérile pulsion au vandalisme. Je souris tout de même en me rappelant cette photographie de Richard Nixon que les contestataires contre la guerre du Viêt-nam avait reproduite à des centaines de milliers d'exemplaires avec cette éloquente légende : «Would you buy a used car from that man?» Je remets le marqueur dans ma poche... et je garde le «soustitre» pour moi seul.

Le corridor est vide : ni civières, ni meubles, ni visiteurs. On se croirait à Mirabel... en moins propre. En me dirigeant vers l'ascenseur, je constate le triste état des lieux : plafonds décrépits, murs lépreux, saletés et poussières partout sur le plancher. Les portes de l'ascenseur n'arrivent même plus à s'ouvrir de manière coordonnée. Leur mugissement métallique n'est pas plus rassurant que la pénible et hoquetante montée vers le quatrième. J'en suis tout juste sorti que les mâchoires grinçantes de la chose se referment derrière moi comme un piège. À leur poste, quelques infirmières me sourient. Cela ne fait plus aucun doute : Saint-Christophe est un autre hôpital en phase terminale !

Réal a partagé la vie de ma sœur Diane pendant plus de vingt ans. D'une incroyable douceur malgré ses 2 mètres et ses 120 kilos, Réal serait d'ascendance amérindienne : teint foncé, nez aquilin, chevelure dense, maintenant grisonnante, tirée en queue de cheval. Certains amis lui ont donné le surnom de «Gogosse l'Indien». Sa mère, à l'époque «danseuse», l'aurait conçu avec un Amérindien de Chibougamau... lors d'un voyage professionnel. Réal a été placé très jeune en foyer d'accueil. Sa mère lui rendait de très rares visites, lorsque ses «voyages d'affaires» le lui permettaient.

Adolescent, Gogosse fit plusieurs essais infructueux pour retrouver son père. À l'été de 1966, il traversa l'Outaouais, l'Abitibi et le Témiscamingue, parcourant tous les bars et toutes les réserves indiennes de Maniwaki à Lasarre, puis vers l'est, du lac Abitibi en passant par Rouyn, et vers le nord à Matagamie, Waskaganish et Nemiscau, pour ensuite revenir à l'est jusqu'à Obedjiwan et Chibougamau, pour terminer son inutile périple à Bersimis, sur la Côte-Nord.

De son père, il ne retrouva aucune trace, mais il rapporta une déjà bien tenace dépendance à l'alcool. Avec les années – et une consommation de plus en plus abondante –, il en vint à endosser la version maternelle de la disparition du père : il serait mort assez jeune lors d'un violent combat contre un ours noir, dans le Parc de Chibougamau. Quant à sa mère, elle devait succomber, au début des années 1980, à une maladie du système immunitaire encore peu connue à l'époque.

Éternel marginal, Réal est le prototype même du misanthrope qui s'évertue à fuir les foules. Préférant les journées sombres, brumeuses et pluvieuses aux journées ensoleillées, il exècre les politiciens, les avocats, les policiers et les fonctionnaires... mais nourrit une passion inassouvie pour tout ce qui concerne la guerre et l'univers militaire. Éternel enfant, il collectionne depuis toujours, malgré ses piètres revenus, des modèles réduits d'avions de combat, de chars d'assaut, de destroyers et de porte-avions.

Je crois bien que de toute sa vie, jamais Réal n'a occupé un travail régulier. Il a très jeune compris les failles et les aberrations du système. Depuis l'âge de 16 ans, il est bénéficiaire de l'aide sociale, ayant alors réussi à se faire émettre une attestation d'inaptitude au travail pour cause de schizophrénie.

Diane, sa compagne, est décédée en 1996. Pour sa part, véritablement atteinte de schizophrénie, et souffrant à ce moment d'une profonde psychose, elle s'est jetée du parapet du pont Jacques-Cartier. Gogosse s'est toujours culpabilisé de ne pas être intervenu quand cela était encore possible. Alors, pour oublier, pour endormir ses fantômes, pour décorer son existence de quelques visions vaporeuses, il a accéléré la spirale de la consommation : alcools divers accompagnés de valiums ou autres calmants de type benzo.

Quand le cancer du foie a été diagnostiqué, une chimiothérapie aurait tout de même pu ralentir la progression de ce mal incurable :

— Encore des poisons ? a-t-il dit au médecin. À quoi bon maintenant, j'ai cinquante-six ans, j'ai fait mon temps. Merci pour moi.

À l'unité des soins palliatifs, tout est calme, paisible ; de multiples bouquets de fleurs embellissent le salon des visiteurs, vide à cette heure-ci. Une infirmière s'affaire à remplir le dossier d'un disparu. Je lui demande de m'indiquer la chambre de M. Gosselin. Souriante, elle me montre le bout du corridor.

— C'est la 412-b, juste entre les chambres 412 et 414.

Même à quelques pas de la mort, certaines superstitions demeurent tenaces. En traversant le corridor – un autre corridor, ma vie parfois me semble n'être que le triste alignement de non moins tristes corridors... –, j'entends des gémissements, des respirations haletantes, des murmures et des pleurs provenant des autres chambres.

En poussant la porte 412-b, c'est tout le contraire. Un rire franc et gras m'accueille, ponctué de la toux franchement ferroviaire qui a toujours caractérisé Réal.

— Si c'est pas le bon doc Bob ! Bienvenue au party de la 413 ! J'espère qu'ils t'ont pas fait le coup épais de la 412-b ? Bienvenue au dernier *rest area* sur le *drive-way* du paradis ! Je suis absolument certain d'une chose, Robert : ce lit-là, sur lequel je « repose », comme ils disent, a un taux de mortalité de 100 % !

Et il éclate à nouveau de son rire contagieux de fond de taverne. J'ai beau rire avec lui, j'ai encore peine à le reconnaître. Un bref instant, je crois même m'être trompé de chambre. Gogosse a parfaitement bien saisi mon inquiétude et même mon doute.

— Ben cou'donc s'ti, tu me reconnais pas ? Tu m'as toujours dit de maigrir, doc Bob, ben c'est fait s'ti, j'ai maigri : 120 livres. Pis il en reste juste autant, mais la moitié de ce qui reste, paraît que c'est de l'eau. T'es impressionné, avoue !

Une petite lampe posée sur un meuble métallique tamise la pièce. Le colosse de Chibougamau a littéralement fondu. Dans un visage émacié, ses yeux exorbités sont ronds et lunaires comme ceux d'un hibou. La désolante jaquette rose de l'hôpital traîne au pied du lit. Il a revêtu un t-shirt où sont inscrites les lettres FTW, pour *Fuck The World*. Il a déposé sur ses épaules son éternelle veste kaki de l'armée américaine, précieux vestige de la guerre du Viêt-nam, cadeau d'une amie prostituée, Angélica Nguyen, exilée du Cambodge dans les années 1970.

Jolie histoire. Il y a quelques années, Angélica avait été hébergée et cachée quelques semaines par Réal et Diane. La pauvre fille de cinquante kilos s'était fait rosser par son proxénète qui faisait plus de deux fois son poids. Le sympathique gorille barbu lui avait émietté l'orbite de l'œil droit pour avoir dissimulé une partie des recettes du samedi soir. Le quartier fut littéralement assiégé par les troupes du gros barbare qui cherchait partout sa «préférée», chevauchant avec fierté et virilité sa Harley jaune serin.

Grâce à ses nombreux contacts dans la région, Réal réussit à dénicher à Angélica un travail de serveuse dans un restaurant abitibien. Ils lui payèrent le déplacement en autobus et Angélica put quitter la région en toute sécurité, laissant à Diane son unique manteau comme éloquente preuve de sa reconnaissance. Et comme il y a des histoires qui ont des fins heureuses, pendant son exil nordique, elle rencontra un ex-policier de la Sûreté du Québec, Roger Dion, quarante-cinq ans, bon gars, bon vivant, bonne retraite.

Ils se marièrent après seulement quelques semaines de fréquentations et ouvrirent le tout premier restaurant abitibien offrant le fameux «buffet international à volonté». Cette mode de l'assiette débordant de toutes parts de mixtures diverses, somme toute peu destinées à la cohabitation, fit en quelques années leur fortune et leur permit de s'acheter un joli appartement dans la région de Fort Lauderdale. Ils s'y réfugient tous les hivers. Et dire qu'il y en a pour ne plus croire aux *happy end*...

Le haut de son corps est d'une maigreur extrême, son ventre et ses jambes gonflés par l'excès d'eau qui s'infiltre sournoisement dans ses tissus.

— Si j'avais su que tu venais, j'aurais fait un peu de ménage, ta mère m'a dit que t'avais un souper à l'Île des pisseuses.

— Annulé! J'ai apporté du Saint-Hubert, ça te tente?

— Bof, pas très faim, tu sais.

— Pas faim? Réal-Gogosse Gosselin a pas faim? T'es malade ou quoi? T'as mal quelque part, montre ça au monsieur Docteur mon tout petit...

Il retrouve aussitôt sa bonne humeur. Mal? Il n'a jamais eu si peu mal! Toute sa vie, il a dû se débrouiller pour pouvoir fumer un petit joint une fois de temps en temps. Et là, miraculeusement, c'est le bon gouvernement qui lui paye la drogue. «Et de la crisse de bonne», ajoute-t-il en m'indiquant le soluté intraveineux branché sur une petite pompe fixée à sa ceinture.

— Mon oncologue est un *pusher* de grande classe, du sirop d'érable de première catégorie, de la morphine à 100 %, pas de coupe. Puis le plus beau : c'est moi qui ai le contrôle. T'imagines?

Il appuie sur le bouton rouge et s'administre une dose de 2,5 mg. Il ferme les yeux, soupire :

— Une petite part de paradis... Merci, monsieur le ministre!

Je me bats avec le ruban plastifié qui attache les boîtes de poulet. Je sers une portion à Réal qui regarde avec dédain la boisson gazeuse, comme s'il s'agissait d'un véritable poison.

— Tu veux m'assassiner avec ça? Ta mère et ta sœur Line ont plus de classe, au moins ce midi j'ai eu droit à un verre de rouge, s'ti...

— Fais pas le dédaigneux Gogosse. Dis-moi donc plutôt ce qui te ferait réellement plaisir.

La commande est claire et précise : un bon grand verre de Jack Daniel's et, pour accompagner ce nectar des dieux, un bon gros pétard de mari, «pas un petit joint anorexique, là, un vrai gros cigare!».

— Monte pas sur tes grands chevaux moraux, doc Bob, tu devrais savoir que la mari a des propriétés antinauséeuses. Ils ont même dit, à la télé – donc ce doit être vrai... – que c'est maintenant considéré comme une forme de traitement homéopathique de type alternatif, naturel et moderne...

— Tu sais bien que je crois pas à l'homéopathie, alors *forget it*!

Malgré l'épuisement et la morphine, il n'est pas long à se lancer dans une envolée oratoire à saveur sociopolitique digne de Michel Chartrand : je ne suis qu'un petit bourgeois moralisateur, semblable à mes amis de l'Île-des-Sœurs, préoccupé par mon standing, ma qualité de vie, les marques de voiture et la promenade du caniche royal. Le ton monte, il mêle tout, son regard est perçant comme celui d'un chef algonquin. Je connais l'homme ; je connais le style ; je connais la stratégie...

— Sérieusement, c'est vraiment ce qui te ferait plaisir?

— Affirmatif! aboie-t-il, immobile et stoïque, alors que son visage se sculpte d'un large sourire.

La SAQ la plus proche est rue Sainte-Catherine. Pour le reste, il suffit apparemment de demander à un *squeeje* ou à n'importe quelle prostituée dans le quadrilatère Saint-Laurent – Saint-Denis. Encore plus facile à trouver qu'un litre de lait...

— Rien de bien difficile pour un débrouillard comme toi, le beau-frère. Tiens, apporte-moi donc aussi un paquet de cigarettes. Et que la force soit avec toi!

H

Le froid, me semble-t-il, s'est encore intensifié. De plus, la «marée noire» a nettement progressé dans son entreprise de transformation de la toute nouvelle neige. C'est sûrement la quartier de la métropole où la faune est la plus disparate. Dans une ruelle, des enfants, comme tous les enfants de l'hiver, se font la guerre des tuques, armés de balles un peu plus sales qu'ailleurs et se protégeant de couvercles de poubelle juste un peu plus bosselés que dans les quartiers plus au nord ou plus à l'ouest.

Au coin de cette ruelle, deux amants homosexuels bloquent l'entrée de «Chez Maurice licencié»; l'un deux, sans pour autant interrompre leur gymnastique buccale, répond à mes excuses d'un clin d'œil sans aucune ambiguïté. «Maurice», évidemment, est vietnamien et s'exprime en anglais; il me vend un Players pour «seven dollars patron», étonné que je refuse les 10 millions de la 6/49 du lendemain soir.

Après avoir acheté le whisky et donné la monnaie au mendiant-portier, je me dirige, nerveux tout de même, vers le territoire que m'a indiqué Réal. Même si la cause me semble louable, le geste lui-même me crée un réel sentiment d'inconfort et une non moins certaine culpabilité. Dois-je vraiment préciser qu'il s'agit là pour moi d'une «grande première»? Un *squeeje* ou une pute, m'a précisé le beau-frère. Facile à dire. J'aurai probablement moins de difficulté à repérer une pute, parce qu'en ce qui concerne les *squeeje*... ils sont tous exilés dans les stations de métro, froid oblige.

Il ne me faut que quelques minutes pour identifier ma «personne-ressource» : cheveux trop blonds, trop longs, yeux trop bleus, maquillage trop épais, seins trop gros, blouson trop petit, cuissardes trop hautes et *chewing gum* trop rose et trop bruyant...

— Pardon madame...

Il n'en fallait pas plus comme introduction pour avoir droit à la liste des services, des prix et des pratiques non disponibles (bestialité, scatologies diverses, urinologie et sado-maso). Elle m'a bien sûr regardé comme un extraterrestre attardé lorsque je lui ai fait part de ce que je cherchais et s'est franchement (et trop bruyamment, cela va de soi) esclaffée lorsque j'ai senti le besoin de préciser :

— C'est pas pour moi, c'est pour un ami qui est agonisant à l'hôpital...

Craignant de glisser sur ses talons trop aiguille, elle m'a pris par le bras, m'entraînant vers la rue Saint-Denis, n'oubliant pas de préciser qu'il faudrait que je lui paie sa «commission». J'ai honte et je baisse la tête de crainte de croiser une connaissance; mais je pense que j'ai encore plus honte PARCE QUE je baisse la tête. Quand elle me demande mon nom, je lui réponds franchement, mais bien sûr elle croit que j'invente :

— Tiens, c'est étrange, j'ai beaucoup de clients qui s'appellent Robert...

— Je suis médecin.

— J'ai aussi beaucoup de clients qui sont médecins... Je m'appelle Sonia, enfin c'est mon nom d'artiste... comme Robert qui est, j'imagine, ton nom de médecin...

Nous nous arrêtons devant le bar de danseuses Le Shaft. Soudain, Sonia prend un ton plus personnel, moins «artistique», ses yeux tout à coup me paraissent moins bleus et ses cheveux moins blonds :

— J'ai déjà travaillé ici. Ça demande ben de l'énergie. Les clients demandent surtout des poulettes mineures. À 25, t'es déjà une vieille poule... à 30, t'as l'air d'une vraie dinde... je suis presque due pour l'abattoir... Je vais chercher ton *snack*, attends-moi ici Robert, tu *fitterais* pas dans le décor...

Quelques minutes plus tard, elle glisse le sachet de plastique dans ma poche et me réclame 50 $. Je négocie un peu, pour la forme. Mais comme «c'est du Granby Gold, cultivé dans les champs de blé d'Inde de la Montérégie...».

— Dommage, pour cinquante piastres j'aurais pu te donner pas mal plus de fun que ça...

En tournant le coin de Berri, je croise une vieille sans-abri, installée pour la nuit au pied d'un sapin, emmitouflée dans son sac de couchage, lui-même enfoui sous des liasses de papier journal. Quelques jours plus tard, cette pauvre dame acquérera une triste notoriété à la suite de son décès. Tous les médias s'attarderont sur son cas et disséqueront le «drame». Malheureusement, l'opinion publique s'attardera bien moins à son décès par hypothermie qu'au fait que plus de 20 000 $ en petites coupures auront été retrouvés dans ses haillons.

Je dépose mon butin sur la table de chevet. C'est sans doute le bruit de la bouteille de Jack Daniel's sur le métal de la table qui tire Gogosse de sa somnolence. La vue du *Ziploc* le sort réellement de sa torpeur.

— Parfait doc! Il ne nous manque plus que deux verres, de la glace et des allumettes. Ils doivent avoir tout ça au poste des infirmières.

Je remarque qu'il n'a même pas touché à son poulet. Le regard qu'il me lance est éloquent : «Pas un mot! Plus de morale!»

— Et surtout, épargne-moi tes blagues plates à la Coluche...

— Justement, je me demandais : que fait un Éthiopien avec un petit pois?

— Il ouvre un supermarché... Je suis cancéreux, Robert, pas Alzheimer... et je sais aussi que c'est pas parce qu'on se mettrait tous à manger du sable qu'il y aurait plus de nourriture pour les Africains... Alors, oublie ton répertoire et va vite chercher les verres.

La chaleur est accablante; j'essaie donc d'ouvrir un peu la fenêtre avant de sortir. J'entends Réal glousser derrière moi.

— Pas fort pour un docteur... tu penses bien qu'elles sont boulonnées... Tu devrais savoir que les agonisants ont souvent la fâcheuse habitude de vouloir se jeter dans le vide... Oublie pas la glace, et les allumettes...

Au poste, une seule infirmière, jeune et jolie.

— Monsieur Gosselin aimerait avoir deux verres et de la glace...

— Bien sûr, pas de problème...

— ... et des allumettes.

— C'est pour la chandelle, j'imagine? demande-t-elle avec un sourire généreusement complice.

— C'est ça... oui... la chandelle...

— Écoutez, il est passé 21 heures. Il n'y a presque plus de visiteurs. Gardez la porte fermée. Je ne voudrais pas que quelqu'un porte plainte... à cause de l'odeur... de la chandelle... vous comprenez?

— Bien sûr, mais comme je suis médecin, on pourrait toujours dire que c'est moi qui le lui ai prescrit, non?

— Cela va de soi, bonne soirée, docteur.

Gogosse, immobile, impassible, fixe le téléviseur ridiculement harnaché à l'angle du plafond. La lectrice des informations raconte, sur le même ton que la météorologue de service, l'histoire du sans-abri retrouvé gelé mort ce matin. L'événement a la cote aujourd'hui, à cause de ses incidences politiques. Puis notre premier ministre nous incite à aller dépenser à New York pour montrer aux voisins notre soutien après les récents «événements», alors que le ministre du Commerce dénonce virilement l'attitude protectionniste de ces mêmes voisins pour leur surtaxe de 27 % sur le bois d'œuvre canadien. On y apprend aussi que les stocks de morue baissent encore; le ministre des Pêches accuse les pêcheurs, les pêcheurs soupçonnent les phoques... et les phoques, quant à eux, ne se sont pas encore prononcés. La lectrice termine en révélant le taux d'occupation des différents services d'urgence des hôpitaux de la région métropolitaine... et les numéros gagnants des différentes loteries. Les hôpitaux anglophones gagnent la loto-urgences et personne cette fois ne remporte la 6/49...

— Bande de caves... s'ils veulent sauver la morue, ils ont qu'à ouvrir des McDo sur les banquises... peut-être que les phoques aimeront autant ça que les mouettes...

Je remplis les verres et il vide la moitié du sien d'un seul trait, puis s'allume l'un des gros joints et inspire profondément, retient la fumée quelques secondes, toussote... et retrouve un vrai sourire de politicien. L'alcool me brûle les lèvres, m'anesthésie la langue et me décape l'estomac. Gogosse se donne une autre dose de bonheur en appuyant sur le bouton rouge et me propose le joint :

— C'est du maudit bon !

— Évidemment, c'est du Granby Gold, lui dis-je avec l'orgueil d'un étudiant de cégep fier de son coup.

—Ah ! du Granby Gold, bien engraissé au purin de cochon, ça c'est de la vraie culture biologique...

Bien sûr que je m'étouffe dès que les vapeurs épicées agressent ma vierge gorge. Réal, lui, s'étouffe de rire.

— Un vrai Clinton ! Tu fumes, mais tu inhales pas ? À propos, avec Monica, ça va toujours ?

Il saisit le joint qui se consume trop vite à son goût, ainsi laissé à l'air libre ; il en aspire un litre cube de fumée, vide son verre et me demande de le remplir. Je vide le mien et accepte le joint bien que mes poumons soient en flamme. Je m'inquiète lorsque Gogosse s'injecte un autre 2,5 mg. Puis il s'allume une Players.

— Diane s'ennuiera plus bien bien longtemps sur son nuage, Robert. Mais toi, fais attention, t'as l'air un peu fatigué doc Bob ! T'es peut-être un peu idiot, non ? Tu penses peut-être que tout s'achète, c'est peut-être vrai pour les vacances que, juste en ce moment, tu penses devoir prendre, pour ta maison, ton voilier... mais le temps, doc Bob, pas de carte de crédit pour le temps, par d'Interac pour le temps, la vie, la nature. Le temps, faut que tu lui laisses la chance, la chance de vivre... le temps doit vivre, doc Bob... Mais la mort, toi tu la vois tous les jours... c'est comment la mort, Robert ?

— Qu'est-ce que j'en sais ! J'imagine que ça peut ressembler à un mélange de rêves, de peurs et de souvenirs... oui, des souvenirs, beaucoup de souvenirs.

Il allume une autre Players, me montre son verre vide, réfléchit quelques instants. Du corridor, on entend une famille pleurer son défunt. Il sourit bizarrement.

— Des souvenirs... j'aime ça cette idée-là. Tu veux savoir? Mon plus beau souvenir, c'est quand j'ai rencontré Diane. Tu veux que je te raconte?

2

Pieds nus sur le pont

Été 1977

Ma sœur Diane arrive à Montréal, fuyant une banlieue où la «différence» et la marginalité sont d'office considérées comme des maladies à proscrire. Combien de fois ai-je vu des voisins se moquer d'elle, simplement parce qu'elle se tenait immobile, à un coin de rue, fixant le sol, ou alors des bandes de jeunes la traiter de sorcière lorsqu'elle était en plein délire? Sans doute croyait-elle que la grande ville lui offrirait un refuge, un asile que les autochtones de l'actuel 450 lui refusaient, trop occupés à nettoyer leur piscine et à vaporiser leurs plates-bandes d'herbicides..

Ce jour-là, Réal quêtait tranquillement angle Berri et Sainte-Catherine, quand il voit cette véritable beauté, «à faire damner», se diriger vers lui avec ses deux sacs de plastique pour lui demander où se trouvait le bureau d'aide sociale le plus proche. Il lui offrit de l'accompagner, elle le remercia, accepta et lui, comme un ado, en tomba follement amoureux.

Les choses se gâtèrent au bureau du BS. Après quelques heures d'attente, la scène, du plus haut burlesque, se déroula en quelques instants : le fonctionnaire, une véritable caricature, demanda à Diane son adresse qui lui répondit qu'elle était sans domicile puisqu'elle avait besoin d'argent pour se louer une chambre. La « logique » bureaucratique était claire : « pas d'adresse, pas de chèque ». Diane pleura. Réal « s'emporta un peu », traita le rond-de-cuir de quelques qualificatifs mettant en doute sa virilité et celui-ci eut le malheur de rétorquer :

— Toi, le gros Mowhak, tu retournes dans ta réserve ou je fais venir la police !

À ce moment, Réal sortit son « morceau » de la poche intérieure de son manteau, une parfaite imitation d'un Smith & Wesson calibre 22, et lui aspergea le visage d'un long filet d'eau tiède. Le fonctionnaire en eut une faiblesse intestinale et, deux minutes plus tard, six voitures de police encerclaient les bureaux de l'aide sociale et quatre gorilles maîtrisaient Gogosse.

— Heureusement, j'avais prévu le coup et j'ai eu le temps de donner à Diane les clefs de mon sous-sol et mon adresse rue Visitation. Deux mois de vacances « en dedans » pour « voies de fait ». Mais Diane avait une adresse et pouvait donc, logique gouvernementale, recevoir son chèque. Et puis, elle venait me voir en prison... et avait même adopté un autre « sans domicile fixe », un matou jaune qu'elle avait baptisé *Gros-mine-de-rien*.

À sa sortie, Diane l'attendait avec une pizza, deux joints, une caisse de Molson... et un vingt-six onces de Jack Daniel's. Toute la nuit, accompagnés des ronronnements de *Gros-mine-de-rien*, ils ont bu, fumé et ri en écoutant Joplin, Hendrix et en pensant au gars du BS. Ce qu'ils ont fait d'autre ne nous regarde pas... mais ce fut le début d'une histoire qui dura une vingtaine d'années.

◘

Gogosse insiste : « Nous avons vécu une belle vie, nous avons vécu une bonne vie, doc ! »

Je sais ce que Réal veut dire. Tous les bénéficiaires de l'aide sociale ne sont pas, comme le voudrait bien la rumeur populaire, des paresseux et des profiteurs. Faut-il vraiment être économiste ou vérificateur général pour savoir que la «véritable» exploitation se trouve là où se trouve le non moins «véritable» capital? Qui aujourd'hui ignore que la Canada Steamship Line possède plusieurs bateaux battant pavillon étranger parce que ces pavillons de complaisance permettent d'éviter certains impôts et d'engager des marins de nations pauvres à des salaires 40 % inférieurs aux salaires payés à des Canadiens? Et pourtant l'«ex-président» de cette entreprise deviendra bientôt premier ministre, se disant le défenseur de l'intégrité morale des politiciens! Le même encore qui promet de couper dans les subventions aux chômeurs et aux pauvres dans le but de redorer l'image de bonne gestion des finances publiques... ce qui devrait favoriser la création d'emplois canadiens... Cherchez l'erreur!

Avec un revenu mensuel de 625 beaux dollars «extorqués» à l'État, Diane et Réal ont réussi à aider des dizaines d'éclopés du «plusse beau pays du monde». Ma grande sœur arpentait la ville comme une travailleuse sociale en mission. Elle repérait rapidement la pauvreté et ramenait plus souvent qu'autrement la misère à la maison : de jeunes prostituées mineures battues par leur proxénète, un client ou même un policier, des enfants maltraités par des parents alcooliques et toxicomanes, des sidéens et des désinstitutionnalisés «pour leur bien» par des fonctionnaires bien-pensants.

Comment pourrais-je oublier le courage et la générosité de cette jeune femme qui m'a sauvé la vie en acceptant de collaborer à cette greffe de moelle osseuse qui devait me guérir d'une leucémie qui s'annonçait fatale[2]. Si je peux raconter cette histoire aujourd'hui, c'est grâce à son don, à ses millions de globules qui se multiplient et regénèrent mon sang, tous les trois mois.

---

2. Robert Patenaude, *Survivre à la leucémie*, Montréal, Québec Amérique, 1997.

— Elle était faite fort, la grande. Deux heures après son réveil de l'anesthésie générale, elle montait les trois étages pour aller voir comment tu allais, dans ta bulle de *Saran Wrap*...

Je remplis nos verres. Gogosse s'administre une nouvelle dose de morphine, ce qui calme sa quinte de toux.

— Allume l'autre joint... je vais te raconter ce qui est réellement arrivé sur le pont Jacques-Cartier.

Le dernier acte du drame de Diane a débuté au printemps de 1996, quand le propriétaire de l'immeuble de la rue de la Visitation a décidé de le vendre à un consortium immobilier poétiquement nommé « Québec inc. 421, machin 863, etc. ». Le jeune notaire de la compagnie, Mario Larue, blanc-bec bourgeois, Québécois de souche sans scrupules vivant à Ville Mont-Royal, a réussi à racheter les baux de tous les autres locataires pour des sommes ridicules variant de 500 $ à 1 000 $. Diane et Réal, qui avaient flairé l'arnaque, désiraient garder ce modeste logement qu'ils habitaient depuis longtemps.

Le quartier centre-sud était alors en pleine expansion, en voie d'intense « gentrification » et il fallait construire des condos de luxe pour la nouvelle population qui avait déjà envahi ce qu'on appelait jadis « le faubourg à mélasse ». Une légende urbaine disait que le quartier tenait son nom de l'époque de la dépression de 1929, alors que les débardeurs laissaient volontairement tomber, chaque semaine, quelques barils de mélasse sur les quais afin que les familles pauvres, munies de tasses et de bols, puissent recueillir l'onctueux nectar brun jusque sur le sol. Mais « le faubourg à mélasse » devenait « le village »...

Devant l'entêtement de Diane et de Réal, le harcèlement commença : rénovations, vacarme dès six heures du matin, nuages de poussière, coupures d'électricité et d'eau quand ce n'était pas des fuites d'eau au-dessus du lit... et en pleine nuit, comme par hasard.

— Même l'enquêteur de la Régie du logement est resté impuissant, voire impassible devant nos plaintes. J'ai toujours cru que les «gars de la inc.» l'avaient graissé pour qu'il se calme le zèle!

Diane n'avait pas été hospitalisée depuis 10 ans. Elle voyait son psychiatre régulièrement, recevait son médicament par injection chaque mois et sa maladie semblait parfaitement maîtrisée. Mais l'insomnie, le stress, le harcèlement sous toutes ses formes les plus perverses eurent raison d'elle et elle retomba dans un délire religieux comme aux plus «belles années» de sa schizophrénie.

— Après deux jours de fugue, je l'ai retrouvée rue Sainte-Catherine, sous le pont, marchant pieds nus, mains jointes, regardant le ciel en récitant sans arrêt des «Je vous salue Marie». Les passants l'ignoraient, même les policiers et les ambulanciers ne la considéraient que comme «une capotée de plus». Je me suis approché d'elle et je lui ai pris le bras. Cela a semblé l'apaiser. Elle m'a murmuré: «Enfin, je t'attendais...» Elle m'a demandé une cigarette et nous avons marché jusqu'à l'hôpital le plus près.

Bien sûr l'urgence était bondée. Des enfants hurlaient, des *junkies* en manque gueulaient, des vieux se promenaient en jaquette, les fesses à l'air, des sans-abri dormaient sur des chaises, l'odeur était insoutenable: le temps d'attente était évalué à environ six heures et il n'y avait plus de siège libre.

Les heures passaient et Diane devenait de plus en plus fébrile, marchait dans le corridor, sortait fumer. Réal la surprit à se brûler les avant-bras avec son mégot. Il savait, par le psychiatre qui la suivait, que l'auto-mutilation signifie une sérieuse détérioration de l'état mental de la malade et constitue souvent un symptôme de prépsychose grave. Le schizophrène retrouve dans la souffrance physique une forme de lien avec la réalité qui lui échappe de plus en plus.

— Je suis retourné au triage. J'ai expliqué. Rien à faire... il fallait attendre. Et là, Robert, j'ai fait une grave erreur. Diane, promettant de m'attendre calmement, m'a demandé d'aller lui chercher un café bien fort... Et, moi, je l'ai crue...

⌘

Au retour de Réal, Diane avait disparu. Et personne ne savait où elle se trouvait : le gardien ni aucun autre bénéficiaire en attente de bénéfice ne l'avait vue sortir ; l'infirmière du triage ne pouvait même pas lui dire si elle avait été prise en charge par le psychiatre. Et il arriva ce qui devait arriver : Réal sortit de ses gonds (heureusement il n'avait plus son « faux morceau »), hurla, insulta, menaça... et l'infirmière lança un code rouge à la sécurité. Réal, trop énervé, crut que c'était dans le but de retrouver Diane ; jusqu'à ce que quatre agents de sécurité le maîtrisent et le fassent acrobatiquement atterrir dans le stationnement, l'un de ses souliers disparaissant sous une petite voiture japonaise.

— Heureusement, un sans-abri qui nous avait vus entrer se détourna de la poubelle qu'il explorait avec une grande attention pour m'indiquer que Diane était partie en direction du pont. J'ai pris le soulier qui me restait et je l'ai lancé à la figure de l'un des agents qui me regardait encore en souriant. J'ai quand même eu le temps de voir son sourire se défaire et quelques dents de son dentier rouler sur le béton avant de me mettre à courir vers le pont... un vrai marathonien éthiopien... deux cents livres en plus...

Arrivé aux abords du pont, Réal a tout de suite compris que la situation n'était pas normale. Les policiers érigeaient un barrage et arrêtaient toute circulation sur le tablier du pont qui ressemblait à un immense terrain de stationnement. Heureusement, le trottoir n'avait pas encore été sécurisé sur toute sa longueur et il réussit à s'y avancer jusqu'à apercevoir ma sœur, assise sur la rampe, ses pieds se balançant dans le vide, semblable à une enfant rêveuse dans un terrain de jeux. À quelques mètres d'elle, un ambulancier lui parlait et tentait de la «raisonner». Diane avait les mains jointes, elle regardait le ciel et ses lèvres s'agitaient au rythme d'inutiles prières.

— À une dizaine de mètres d'elle, un policier me bloque le chemin et d'un air menaçant me met en garde. «On va pas plus loin!» Deuxième grave erreur : je lui ai obéi et j'ai essayé «raisonnablement» d'expliquer que j'étais le conjoint... que je pouvais peut-être... bref...

Mais l'histoire se répète. Réal n'a pas de papiers d'identité, une allure suspecte, aucune manière de prouver ce qu'il avance. Et pendant ce temps, les mouvements de balancier de Diane s'accentuent, le mouvement des lèvres s'accélère. Gogosse lui hurle d'arrêter... qu'il est là... que tout ira bien... Les automobilistes frustrés par l'attente s'impatientent; il entend même quelqu'un crier : «Saute! On veut rentrer chez nous!»

— J'ai réussi à traverser le cordon de sécurité. J'ai couru vers elle, j'ai crié son nom, mais elle avait déjà sauté... j'étais à quelques mètres, quelques secondes de plus et j'aurais peut-être pu... Son corps entier a fait un demi-tour... Je te jure, elle m'a regardé... tout au long de la descente, comme un ange... avant de s'écraser sur un terrain vague, tout près de Sainte-Catherine.

Une longue bouffée de pot, une non moins longue gorgée de Jack Daniel's et une petite pression sur le bouton rouge.

Il a couru en sens inverse, jusqu'en bas du pont. Le gros flic, cette fois, l'a laissé passer. Sans doute venait-il de comprendre qu'il était vraiment celui qu'il prétendait être. Sur le lieu de l'impact, l'ambulance s'éloignait déjà rapidement. Là encore on le laissa approcher. Le policier qui venait de tracer la silhouette de Diane avec une bonbonne de peinture fluorescente orangée parlait dans sa radio en le regardant approcher de l'immense mare de sang.

— Oui c'est lui, il est nus pieds... ok...

— Elle est morte?

— Non... mais... Montez avec nous, on va vous amener à l'hôpital... venez...

⊞

À l'urgence, on l'informe que Diane a été transférée à la salle d'opération. Après quelques heures, un médecin épuisé lui annonce le décès : fractures multiples, importantes hémorragies internes et rupture de vaisseaux cardiaques. Il croit même l'entendre dire : «Votre femme est morte des mêmes causes que la princesse Diana...»

— À chacun sa princesse, doc Bob... j'ai refusé de la voir. C'est pas ça le souvenir que je voulais garder d'elle... C'est pas ça le souvenir que je veux emporter...

À son retour rue de la Visitation, il avait trouvé, dans le fouillis indescriptible qui régnait, une lettre. Diane y expliquait son impuissance à vivre dans cette souffrance de se voir «redevenir folle». Elle lui avouait également qu'il avait été sa plus grande source de bonheur. La lettre se terminait ainsi : «Je serai ton bonheur invisible, je roderai comme une voleuse prête à me sauver avec ton cœur!»

— Mais c'est ce jour-là qu'elle m'a volé le cœur. Depuis, je suis resté muet... et je noie ça... parce que je suis hanté, depuis des années, par ces quelques secondes de sa chute... mais ma noyade achève, doc Bob. Et le plus étrange dans tout ça, c'est que j'arrive encore à être heureux, parce que même si elle me l'a volé... je sais que mon cœur fonctionne encore... C'est exactement comme ça que ça s'est passé... tous les deux, pieds nus comme toujours, sur le pont Jacques-Cartier.

3

Le mal nécessaire

Dans la chambre 412-b, le silence pèse comme une chape de plomb. Quand j'y repense aujourd'hui, ce sont les paroles d'une chanson de Carla Bruni qui me viennent en tête : « Paraît que le bonheur est à portée de main. Alors on tend la main, et on se retrouve fou. »

La dernière fois que j'ai vu Diane, nous nous étions querellés à propos d'un vase africain qu'elle avait brisé. Je l'avais ramené de voyage, 36 heures posé sur mes genoux, en taxi de brousse dans les chemins cahoteux de la Tanzanie et du Kenya, puis 16 heures d'avion entre Naïrobi, Londres, Toronto et Montréal. Et lors du premier souper que je donne à mon retour, Diane le fout par terre.

— Je sais à quoi tu penses, doc Bob. À ton maudit vase laid ? Elle avait un sale caractère la Diane... T'en fais pas, je lui dirai que tu l'as recollé et que tu t'excuses d'avoir perdu patience. Parle-moi du bonheur, maintenant, explique-moi ça, le bonheur...

Le Jack Daniel's me paraît de plus en plus doux, presque du miel dans ma gorge.

— T'en as des questions, le gros !

— J'ai pas le choix, doc, ce sont des questions de mourant...
c'est toi ou le prêtre... t'as le choix !

— Je me rappelle que, dans le temps, on disait que pour
parvenir à une vie heureuse, il fallait d'abord traverser toute
une série de petites et moyennes souffrances. Ils appelaient
ça « le mal nécessaire »... C'est peut-être juste ça le bonheur :
accepter « le mal nécessaire » pour atteindre la félicité au plus
sacrant...

Réal tousse et crache comme le Vésuve ; il s'essuie la bouche,
une salive épaisse et rosée tache le mouchoir. En sacrant, il
refuse que j'aille chercher l'infirmière. Une autre petite dose
de morphine « fera très bien l'affaire ». Et nous voilà lancés
dans un duel de définitions du bonheur :

— Un après-midi de juillet à la plage Doré.

— Un chèque de BS tout frais imprimé, une caisse de
bières et une *all-dressed* à la santé du ministère.

— Un voilier qui traverse une vague grosse comme une
église.

— Coller sa blonde en « petite cuiller » pour la réchauffer
une nuit d'hiver.

— Faire le tour de la Gaspésie et arrêter chez ses chums
de L'Anse-à-Beaufils.

— Manger un hot-dog au stade en regardant les Expos.

— Voir une baleine et se faire arroser par sa respiration
qui sent la crevette.

— Voler deux gros steaks et se faire ouvrir la porte par le
gérant souriant du Provigo.

— Se réveiller en camping sous deux pieds de neige.

— Le bonheur, ce serait que tu me verses un dernier verre
de Jack Daniel's...

Je vide la bouteille dans son verre. Il sape une petite gorgée,
a à peine la force de peser sur le petit bouton rouge et de mur-
murer :

— J'espère juste qu'il n'y a pas de salle d'attente, en haut...

— À ta place, Gogosse, je gagerais pas trop là-dessus...
Fais de beaux rêves...

L'Indien de Chibougamau s'endort avec une manière de sourire... sa toute dernière définition du bonheur. Je quitte en silence et laisse mes coordonnées à l'infirmière de garde, « au cas où... ». Elle s'inquiète un peu de mon état et me déconseille de prendre la voiture.

— Craignez rien, je vais marcher jusqu'à l'auto et appeler Nez Rouge sur mon cellulaire.

— Parlez-moi de ça, un homme qui écoute.

— Si peu, garde... si peu.

Les portes de l'ascenseur se referment sur son sourire et sur tout un chapitre de ma vie.

Я

De retour chez moi, sur le flanc du mont Saint-Hilaire, je sais que, malgré la fatigue, je n'arriverai pas à dormir. J'enfile mon Kanuk, fixe mes raquettes et m'enfonce dans la pénombre du sous-bois. Le temps est glacial, mais sec. La neige est légère et toujours propre. Je me sens à la fois si loin et tout près de cette misère que je côtoie quotidiennement. Je suis hanté par les figures de Diane et de Réal et de leurs frères et sœurs dans la détresse. Tous ces malades mentaux oubliés, craints, cachés, rejetés, chaque jour « assassinés » par leur société.

De tous les continents que j'ai visités, c'est en Afrique, dans certaines tribus peu connues, comme les Masaïs, que j'ai vu les plus beaux exemples d'intégration de certains malades mentaux. Alors que nos sociétés dites civilisées ont tour à tour enchaîné, exorcisé, brûlé, « électrisé » ou lobotomisé leurs « possédés », d'autres cultures en ont fait des sages, des sorciers, des guérisseurs. Certains prétendront que ces malades ne subissent plus aujourd'hui ces types de harcèlement barbares et sadiques. Je me demande parfois si l'actuelle désinstitutionnalisation, doublée de l'inopérant virage ambulatoire, valent mieux que les méthodes ancestrales.

Combien de gens savent vraiment que les maladies psychiatriques ne sont pas des maladies de l'âme, mais bien

des maladies neurologiques, causées par de subtils dérèglements hormonaux du cerveau ? De même qu'un haut taux de
cholestérol provoque le blocage des artères coronaires ou que
le manque d'insuline cause le diabète, nos taux de sérotonine
et de dopamine agissent sur nos neurones et dictent notre
comportement. À n'en pas douter, un jour la recherche per-
mettra de mieux contrôler ces types de dérèglements. Il nous
reste avant tout à les apprivoiser, à les comprendre et à les
accepter pour ce qu'ils sont vraiment.

À l'ouest, la grande ville s'éveille et je ne peux m'empêcher de me demander comment la nuit s'est déroulée à
l'urgence. Dès mon retour, je consulte mes messages
téléphoniques. Marie-Michelle m'apprend que tout est
arrangé pour le mont Albert. Je me dis que ce serait chouette
d'arrêter prendre une bière chez André, à L'Anse-à-Beaufils...
à la santé de Gogosse.

Le second message a été laissé par l'infirmière de garde à
l'hôpital Saint-Christophe : Réal est décédé quelques minutes
après huit heures. Cela s'est passé pendant son sommeil...
aucun doute, il n'a pas souffert... pas cette fois...

Devant moi, posé sur un tabouret, le fameux vase
africain, brisé quelques années plus tôt, puis recollé un an ou
deux plus tard. Son profil est découpé de trois larges cicatrices bien distinctes qui se rejoignent pour former un grand V
sur la joue. Cette blessure qui alors me semblait le défigurer,
cette marque surgie du passé, aujourd'hui me paraît bien
davantage évoquer un radieux sourire : une simple entaille
dans une vieille poterie, mais le souvenir merveilleusement
complice de deux êtres que j'ai tant aimés.

Le « Rapport Patenaude »

Quelques solutions
aux innombrables problèmes
du système de santé des Québécois

1

Cette fois, des solutions

Qu'il me soit d'abord permis de rassurer au plus vite les lecteurs et lectrices : le « rapport Patenaude » (on aura sans aucun doute saisi l'ironie) n'a strictement rien coûté aux contribuables-bénéficiaires-ou-patients-en-devenir ! Il ne s'agit que de la mise en forme, bien peu bureaucratique, de ce qui m'est apparu comme quelques voies possibles d'amélioration du système actuel.

Au cours de mes seize années de pratique au service des urgences de toutes les régions administratives du Québec et auprès de malades de tous les milieux socio-économiques, j'ai rencontré environ 125 000 « consultants ». À mon tour donc de « consulter » cette expérience pratique pour tenter d'en tirer quelques leçons pour l'avenir.

Lors de la parution de mon livre précédent, *24 heures à l'urgence*[3], la plupart des commentaires officiels ou plus informels ont salué avec enthousiasme le constat très sévère que je faisais de la situation dans le monde de la santé, et plus particulièrement dans le sinistre univers des urgences. Par

---

3. Robert Patenaude, *24 heures à l'urgence*, Montréal, Québec Amérique, 1999.

contre, d'autres lecteurs, analystes ou même des administrateurs de la santé m'ont reproché, sans doute avec raison, de
me satisfaire de dénoncer un état de fait, sans jamais proposer de solutions à certains des problèmes que je mettais en
lumière.

C'est donc à cette critique que je voudrais répondre en
émettant des propositions qui, je l'espère, sauront susciter
des échanges constructifs. Je n'ai pas, cela va de soi, la pré-
tention d'apporter ici des réponses à tous les problèmes que
génère un système de santé comme le nôtre, mais mes
conclusions s'appuient sur seize années de pratique, de
réflexion, d'observation et de réflexions souvent partagées
avec des confrères et des consœurs aussi alertés que moi par
l'actuel délabrement de la machine.

2

Une autre étude?

Non seulement je ne me propose pas de facturer au ministère les « longues heures de recherche » qui ont mené au « Rapport Patenaude », mais je m'évertuerai de plus de démontrer qu'il est possible d'améliorer la qualité des soins, et par conséquent la santé des Québécois, de perfectionner le fonctionnement général de l'appareil, sans pour autant augmenter substantiellement les coûts de cette mise en œuvre.

Saviez-vous que le gouvernement fédéral a financé, depuis 1993, pour plus de 250 millions de dollars d'études diverses sur la santé? Cette seule somme, investie directement dans les soins aux malades, aurait permis, par exemple, de moderniser les systèmes diagnostiques par l'achat d'appareils à résonnance magnétique pour les principaux hôpitaux du Canada tout entier! Le temps d'attente pour ce type d'examen est actuellement de plus de six mois et il vous en coûterait entre 600 $ et 1 000 $ pour y avoir droit en clinique privée... ce à quoi s'oppose farouchement et scrupuleusement ce même gouvernement subventionneur à outrance d'études aussitôt tablettées!

L'un des principaux problèmes, en ce qui concerne la majorité des commissions d'études gouvernementales sur la santé, se situe au niveau de la composition de ces groupes. En effet, les politiques sur la santé sont la plupart du temps élaborées par des hauts fonctionnaires, d'ex-politiciens, des avocats et des bureaucrates. Les membres du Barreau, de la Chambre des notaires ou des comptables du Québec acceptaient-ils qu'une réforme du fonctionnement de leur profession, de leur liberté de pratique et même de leur mode de rémunération leur soit dictée par une commission qui aurait été composée d'un médecin, d'une infirmière, d'un anesthésiste et d'une travailleuse sociale? Pourtant, depuis plus de vingt ans, les décisions concernant la santé publique sont généralement prises par des personnes qui n'ont aucune expérience du terrain.

Le docteur Rochon, d'une part, ne l'oublions pas, était avant tout un administrateur spécialisé en « gestion de la santé », compétent mais qui n'avait que peu d'expérience pratique de la médecine; d'autre part, la réforme qu'il proposait n'a jamais obtenu l'appui véritable des « politiques » qui la lui avaient commandée dans le seul et unique but de réduire les coûts et d'atteindre le déficit zéro. Aussi n'a-t-il jamais reçu les crédits nécessaires à la restructuration du réseau... Aussi, la réforme n'a-t-elle jamais été complètement mise en œuvre... Aussi, le virage ambulatoire, qui aurait pu en d'autres temps et circonstances s'avérer une grande idée, n'a-t-il jamais été vraiment mis sur pied et demeure, encore aujourd'hui, une vision de l'esprit, un fantasme de fonctionnaires dépassés par le vieillissement de la population et la lourdeur de leur propre bureaucratie... Aussi, les conséquences de l'opération ont-elles été catastrophiques : mises à la retraite massives et précipitées, fermetures de lits et d'hôpitaux, pénuries de personnel, épuisement et désinvestissement généralisé... Aussi, le docteur Rochon a-t-il été rapidement sacrifié sur l'autel de la performance et de l'équilibre budgétaire...

Plus récemment, la commission Romanow. Coût : quinze millions. Et pendant ce temps... sept provinces, dont le Québec, mènent de leur côté des commissions et des études semblables. Je n'avancerai rien de particulièrement original en décrétant que l'ensemble de la machine gouvernementale souffre aujourd'hui de « bureaucratite aiguë »... maladie pour laquelle il ne semble exister qu'une médication : le « nouveau » comité d'étude...

Ce cercle vicieux ne cesse de s'agrandir depuis les années de vaches grasses de Pierre Elliott Trudeau et celles de l'État-providence de René Lévesque. Tout comme la sédentarité peut mener directement à l'obésité et au diabète, l'actuelle bureaucratie souffre d'obésité morbide, de glycémie croissante et d'un taux de cholestérol galopant, et ce, à tous les niveaux : ministère de la Santé, Régies régionales, infra-structures diverses, corporations médicales et organisations syndicales.

Il est bien connu que l'excès de poids n'est pas propice au déplacement! Aussi ne semble-t-il plus y avoir vraiment de place ou d'énergie pour les idées nouvelles et la créativité. Comment donc reprocher à certains, et même à des partis politiques, d'« oser » ramener sur la place publique l'idée d'une privatisation de certains services, même si cela ne s'avérait pas la panacée universelle tant désirée.

À mon tour d'y aller de quelques statistiques compara-tives, susceptibles de nous donner un bon portrait d'en-semble de la situation québécoise.

Au Québec, 7,5 millions d'habitants sont répartis sur un territoire de 1,5 million de kilomètres carrés. Par contre, plus de 80 % de cette population est concentrée le long du fleuve Saint-Laurent, dans le corridor Québec-Montréal.

Comme notre taux de reproduction est l'un des plus bas de tous les pays industrialisés, soit 1,6 enfant par famille, la population âgée de plus de 65 ans atteindra bientôt 30 %. Vous rappelez-vous de Renée Claude qui, il n'y a pas si longtemps, chantait : la moitié des gens n'ont pas trente ans ?

Notre espérance de vie (82 ans chez la femme et 76,3 chez l'homme) est comparable aux autres pays fortement industrialisés : légèrement supérieure à celle de la France et des États-Unis et à peine 0,5 % de moins que l'espérance de vie en Suisse.

Si l'on pousse plus loin notre comparaison avec la Suisse, pays mythiquement reconnu pour sa qualité de vie aussi bien économique que sociale, on se rendra compte que le salaire moyen des Québécois n'est que de 27 578 $, alors que le suisse se situe à près de 45 000 $. Le Québec compte 8 629 médecins généralistes et 9 007 médecins spécialistes, ce qui établit notre ratio à 1 médecin pour 520 Québécois. En Suisse, ce ratio est de 1 pour 320... répartis sur un territoire vingt fois plus petit que le Québec ! Conclusion possible : avec beaucoup moins d'argent, de médecins et de lits, le Québec – et son système de santé – maintient le même niveau d'espérance de vie que la Suisse. Cette « performance » est d'autant plus intéressante lorsqu'on sait qu'au Québec le nombre de lits d'hôpitaux disponibles pour 1 000 personnes est de 3,9, alors qu'en Suisse il s'élève à... 17,9 ! N'est-ce pas que ça peut être commode les chiffres ? On peut leur faire dire tant de choses !

Ainsi, si on considère que le médecin spécialiste québécois ne fait en moyenne que 210 000 $, comparativement à l'Ontarien qui touche environ 330 000 $, on peut toujours considérer que son sort est misérable. On sait bien que tout est relatif, aussi bien lorsqu'il est question de richesse que de pauvreté.

Au Québec, 17 milliards de dollars sont alloués annuellement à la santé, soit 40 % des dépenses de l'État (comparativement à 30 %, il y a 15 ans). À ce même rythme, dans 20 ans, la santé accaparera plus de 60 % des dépenses nationales ! De ce 17 milliards, 60 % (soit 10,2 milliards) sont consacrés aux salaires du personnel des établissements de santé (infirmières, préposés, travailleurs sociaux, etc.), « seulement » 16,5 % de ce même budget suffit à payer le salaire des médecins. Faudrait-il en conclure qu'ils sont les parents pauvres du système ? Toujours le mystère des statistiques !

Encore quelques-unes ?

L'ensemble de ces dépenses représente 9,1 % de notre Produit national brut. « Seulement » 1 % de plus que la moyenne canadienne, diront certains. Mais ce petit 1 % équivaut tout de même à des centaines de millions, et ces centaines de millions d'écart sont dus précisément à la lourdeur de notre bureaucratie. Au Québec : 35 000 fonctionnaires pour administrer la santé : soit deux fois plus de fonctionnaires que de médecins ! Au Québec : 18 régies régionales... seulement 8 en Ontario.

Le principal problème avec le financement de la santé, c'est la vulnérabilité et l'instabilité de la croissance ; croissance des coûts globaux : environ 5,6 % annuellement, alors que le coût des nouvelles technologies et des nouveaux médicaments progresse annuellement de 10 à 20 %. Quand on sait que notre Produit national brut ne peut espérer, en moyenne, qu'une croissance annuelle de 1,5 à 3 %...

Le ministre avouait récemment qu'il faudrait injecter environ 14 milliards de plus dans le système d'ici 20 ans. Il va de soi que les gouvernements québécois qui se succéderont pendant ces années continueront d'exiger d'Ottawa le transfert intégral des sommes versées en impôts destinées à la santé. Actuellement, ce manque à gagner (fruit d'une incompréhension aussi bien comptable qu'idéologique entre les deux niveaux de gouvernement) cause un déficit net de quelques dizaines de millions de dollars par semaine au réseau québécois !

Faut-il encore rappeler que notre système de santé est « l'un des seuls du monde » où il n'en coûte rien pour consulter et avoir accès aux soins. Presque partout ailleurs, les patients doivent débourser un montant minimum pour voir un médecin : en France, 25 % des coûts initiaux de la consultation, aux États-Unis, même les gens protégés par d'onéreuses polices d'assurances privées paient une somme d'environ 20 $ pour une visite en cabinet. C'est ce que l'on appelle tantôt frais de participation, tantôt frais de consultation ou frais d'utilisateur ou ticket modérateur... Autant d'expressions proscrites ici, car elles portent atteinte à la philosophie même de notre sacro-sainte «universalité des soins». On oublie souvent qu'une telle pratique vise d'abord et avant tout à limiter les consultations non pertinentes, lesquelles coûtent une véritable fortune à l'ensemble des contribuables.

Ces montants comprennent les budgets des hôpitaux, des CLSC, des centres de soins de longue durée, des centres d'accueil et de réadaptation, des différents organismes en santé communautaires tels les centres de désintoxication, centres de la jeunesse et centres de soutien en santé mentale. Ces dépenses n'incluent pas les salaires des médecins ni les coûts des médicaments achetés en pharmacie.

Quelques commentaires à propos
de cette répartition des crédits.

Il est sans doute normal que les grands centres urbains affichent des budgets *per capita* plus importants. Les centres hospitaliers tertiaires traitant de cas complexes (greffes, chirurgies sophistiquées, polytraumatisés, etc.) y sont situés. Leurs cas proviennent de l'ensemble du territoire et ces hôpitaux ont également des activités liées à la recherche et à l'enseignement. Bien sûr, il serait possible de réduire ces coûts en concentrant certains plateaux techniques offerts. Ainsi, à Montréal, sept hôpitaux pratiquent des chirurgies cardiaques complexes, contre seulement trois à Toronto. Une telle concentration des expertises et des ressources permettrait une amélioration des services et une non moins négligeable économie.

BUDGET PAR HABITANT

Abitibi-Témiscamingue	1669 $	Laurentides	1063 $
Baie-James	4545 $	Laval	1052 $
Bas-Saint-Laurent	1267 $	Montérégie	893 $
Centre du Québec	1280 $	Montréal	2175 $
Chaudières-Appalaches	1267 $	Nord du Québec	1000 $
Côte-Nord	1764 $	Nunavik	5000 $
Estrie	1771 $	Outaouais	1702 $
Gaspésie	2125 $	Québec	1849 $
Lanaudière	902 $	Saguenay-Lac-Saint-Jean	1437 $

À un tout autre niveau, l'afflux vers les grandes villes (environ 15 000 personnes annuellement) de gens atteints de maladie mentale, narcomanes, sans-abri et divers éclopés de la société est un autre facteur d'augmentation des coûts vraiment spécifiques aux zones urbaines.

À l'autre extrémité de l'échelle économique, on remarque que les régions semi-périphériques (comme la Montérégie et Lanaudière) affichent le plus bas taux d'investissement par habitant. La raison en est simple : même si ces territoires ont connu un net accroissement de leur population au cours des vingt-cinq dernières années, les budgets, eux, n'ont pas suivi... Ainsi, la Montérégie, avec ses 1,4 million d'habitants, est devenue la troisième région socio-sanitaire au Canada, après Toronto et Montréal ! Pourtant son ratio n'indique que 893 $ par habitant contre 1 052 $ pour Laval. Même si on sous-trayait du budget 20 % de la population qui se fait soigner à Montréal, il demeurerait inférieur à la moyenne nationale.

Quant aux coûts énormes à assumer pour les régions éloi-gnées (Nunavik et Baie-James, par exemple), ils se justifient facilement par les nombreux et onéreux déplacements aussi bien des malades que des professionnels sur ce territoire qui ne compte que 40 000 habitants disséminés sur 1,5 million de kilomètres carrés... soit la population de Granby répartie sur une surface équivalant à 15 fois le territoire de la Suisse !

Mais malgré toutes ces statistiques, malgré les interpré-tations tantôt simplistes, tantôt sophistiquées et souvent contradictoires qu'elles peuvent nous inspirer, un fait demeure : au Québec, la santé coûte cher, très cher, sans doute trop cher... et son accessibilité demeure année après année, gouver-nement après gouvernement, le principal lieu de récrimi-nation des citoyens, la « vache à lait » des éditorialistes, des caricaturistes et des animateurs de tribunes téléphoniques. Bref, de plus en plus, paradoxalement, la santé nous apparaît comme un « mal nécessaire » !

3

Les douze propositions du « Rapport Patenaude »

Bien plus que de magiques et prétentieuses solutions à tous les maux qui affligent notre système de santé, je veux ici suggérer douze lieux de réflexion, de discussion, douze niveaux où il nous serait possible d'intervenir dans le double but d'améliorer les services et de maîtriser les coûts. À nous d'ailleurs de mettre en sourdine notre complainte nationale et de réfléchir, d'échanger, de proposer et même d'agir dans ce dossier qui ne doit plus concerner uniquement que quelques occultes décideurs gouvernementaux.

Voici ces douze paramètres de réflexion :

1. **L'abolition du ministère de la Santé et la création d'une Régie québécoise de la santé.**

2. **La diminution du nombre de régies régionales.**

3. **La réforme du fonctionnement des hôpitaux et des services d'urgence.**

4. Le remaniement du réseau des CLSC.

5. Les cliniques privées.

6. Le soutien à domicile et en centre d'accueil.

7. Le rôle du médecin.

8. Le rôle des soins infirmiers.

9. Le rôle des grands syndicats.

10. La participation de la population.

11. L'instauration de frais d'utilisateur.

12. Le coût croissant des médicaments.

1. L'abolition du ministère de la Santé et la création d'une Régie québécoise de la santé

La santé est devenue, avec les années, une « affaire » avant tout politique et surtout l'un des enjeux majeurs de chaque campagne électorale, dépassant même par plusieurs têtes l'épineuse question nationale. Le ministère de la Santé a le budget le plus imposant et les ministres s'y succèdent à un rythme effréné. Au cours des vingt dernières années, on se souviendra, entre autres, des Bertrand, Côté, Lavoie-Rioux, Legault, Levine, Marois, Rochon, Trudel, pour une « espérance de vie ministérielle » moyenne d'à peine 18 mois !

Or, quand on sait qu'il faut, même aux plus rusés de ces « parachutés », plusieurs mois juste pour apprendre le jargon des fonctionnaires, des corporations et des grands syndicats, pour bien connaître les dossiers complexes comme la construction des hôpitaux universitaires, la progression des coûts des médicaments, la planification des effectifs et la répartition des intervenants, il reste à chacun bien peu de temps pour établir des politiques cohérentes.

Aussi plusieurs dossiers sont-il laissés en plan à chaque changement de garde, quand ils ne sont pas carrément tablettés lors de l'arrivée d'un nouveau gouvernement. Cette politique de la « chaise musicale » occasionne d'irrécupérables retards et rend notre système de moins en moins compétitif et de moins en moins apte à intervenir adéquatement en situation de crise.

Rappelons-nous la pénurie d'équipement en radio-oncologie, il y a quelques années. La petite municipalité américaine de Plattsburgh (population de 63 000 habitants... comparable à Saint-Hyacinthe) nous avait littéralement fait la leçon en installant en trois mois un second appareil de radiothérapie de type accélérateur linéaire. Cette petite localité a pu traiter plusieurs patients québécois... moyennant des honoraires de près de 14 000 dollars américains. Il aura fallu dix-huit mois pour équiper Montréal (bassin de trois millions de personnes) de ces mêmes appareils !

Notre système est si lourd à administrer qu'il est incapable d'initiatives ; il attend les crises pour réagir, incapable qu'il est devenu d'élaborer une vision à moyen ou à long terme.

Ainsi a-t-il fallu attendre l'actuelle pénurie de médecins et d'infirmières pour commencer à élaborer des politiques dont les résultats ne seront visibles que dans quelques années. Il est tout de même ironique de constater que le gouvernement a lui-même partiellement provoqué cette situation par ses mises à la retraite massives et par la limitation des programmes d'études en techniques infirmières dans les collèges.

Résultat : recrutement à l'étranger, alors que le Québec possède quatre facultés de médecine, ce qui, compte tenu de sa population, est un ratio nettement suffisant pour former tous les professionnels dont il a besoin. À la fin de mes études, je suis allé travailler bénévolement dans quelques pays en voie de développement. Aujourd'hui, je connais plusieurs médecins originaires de ces mêmes pays qui viennent pratiquer ici ! Bien sûr, je me réjouis de tout ce qu'ils nous apportent, mais je ne peux que m'étonner que nous soyons devenus à notre tour, et en moins de vingt ans, le « tiers monde » de l'Amérique.

ÂGE MOYEN DES MÉDECINS INSCRITS AU 31 DÉCEMBRE 2000

Moyenne générale pour l'ensemble des médecins du Québec
Omnipraticiens : 48,0 – Résidents : 32,6 – Spécialistes : 52,0

SPÉCIALITÉS	ÂGE MOYEN	SPÉCIALITÉS	ÂGE MOYEN
Anatomo-pathologie	53,0	Médecine interne	47,1
Anesthésiologie	51,6	Médecine nucléaire	49,7
Biochimie médicale	54,3	Microbiologie médicale et infectiologie	49,5
Cardiologie	51,5	Néphrologie	51,5
Chirurgie cardiaque	33,1	Neuro-chirurgie	54,3
Chirurgie cardio-vasculaire et thoracique	52,4	Neurologie	51,4
Chirurgie générale	54,5	Obstétrique-Gynécologie	52,4
Chirurgie orthopédique	51,9	Oncologie médicale	51,9
Chirurgie plastique	54,3	Ophtalmologie	52,1
Dermatologie	50,3	Oto-Rhino-Laryngologie	54,0
Électro-encéphalographie	53,7	Pédiatrie	50,7
Endocrinologie	54,9	Physiatrie	52,7
Génétique médicale	56,1	Pneumologie	50,7
Gastro-entérologie	52,4	Psychiatrie	52,8
Gériatrie	45,3	Radiologie diagnostique	52,5
Hématologie	54,4	Radio-oncologie	48,1
Hygiène et Santé publique	78,5	Rhumatologie	52,7
Immunologie clinique et allergie	52,8	Santé communautaire	53,6
Médecine d'urgence	43,9	Urologie	52,0

Un autre facteur doit être pris dès maintenant en considération : le vieillissement des médecins spécialistes dont la moyenne d'âge, dans plusieurs disciplines, dépasse cinquante ans.

Bref, plusieurs facteurs plaident en faveur d'une transformation majeure de l'actuel mode d'organisation et de gestion de la santé au Québec. La « dépolitisation » partielle de ce secteur me paraît la première initiative majeure à devoir être prise. Qui donc en aura le courage... politique justement ?

H

Le ministère de la Santé devrait être aboli et remplacé par une Régie nationale de la santé, présidée par un expert dans le domaine de la santé sans lien partisan avec le gouvernement en place.

Le conseil d'administration pourrait être composé d'une quinzaine de membres dont des personnes représentatives des différents secteurs de la santé (médecin, pharmacien, infirmière, technicien, etc.), des représentants de la population, des syndicats et les six directeurs des régies régionales. Un directeur général, un trésorier et quelques consultants (économie, droit, actuariat) compléteraient la base de cette nouvelle organisation apolitique qui pourrait tout de même être sous la supervision directe du conseil des ministres, mais jouirait d'une autonomie certaine sur le plan des décisions à prendre pour le mieux-être de la population.

Cette régie aurait d'ailleurs à rendre périodiquement compte à cette même population, par le biais d'assemblées générales dans les différentes régions du Québec, aussi bien de son bilan que des projets, orientations et perspectives d'avenir.

Ce type de gestion permettrait de mieux coordonner les soins dans les différentes régions, d'élaborer des perspectives à moyen et à long terme sans que celles-ci soient soumises aux incessantes tergiversations politiques ou électorales et ainsi de placer aux postes de commande les meilleurs candidats sans qu'ils aient à passer par les aléas de l'arène politique.

Il ne fait aucun doute qu'un tel organigramme permettrait non seulement un règlement plus rapide des problèmes chroniques, mais également de substantielles économies.

2. La diminution du nombre de régies régionales

Au Québec, il y a actuellement dix-huit régies régionales de la santé. Il en coûte annuellement environ 100 millions de dollars pour leur seule administration.

La première action consisterait à en réduire le nombre à six :

- la grande région de Montréal (Montréal, les villes des couronnes nord et sud) ;
- la grande région de Québec (Québec, les villes des couronnes nord et sud, jusqu'à Charlevoix) ;
- le sud du Québec (Sherbrooke, la Beauce et l'Estrie) ;
- l'est du Québec (Gaspésie et Côte-Nord) ;
- le nord du Québec (Abitibi, Saguenay-Lac-Saint-Jean et les territoires du nord) ;
- le centre et l'ouest du Québec (Mauricie et Outaouais).

Deuxièmement, ces régies ne posséderaient plus de pouvoirs administratifs sur les centres hospitaliers régionaux, lesquels dépendraient dorénavant directement de la régie nationale. Cette réduction des tâches de nature purement administrative ferait en sorte que la majorité des gens travaillant dans ces régies régionales soient des professionnels de la santé plutôt que des gestionnaires de l'État.

Le mandat premier de ces régies serait de s'attaquer aux problèmes de santé et aux problèmes sociaux spécifiques à leur région. Elles coordonneraient les soins régionaux :

instauration de groupes de médecins de famille, établissement d'une politique de transfert des patients entre les différents hôpitaux, coordination des services préhospitaliers, répartition des médecins et des infirmières, etc.

Ces régies régionales seraient sous la juridiction de la régie nationale et chacune d'elles y serait représentée au conseil d'administration.

3. La réforme du fonctionnement des hôpitaux et des services d'urgence

Les urgences

La sempiternelle et apparemment indénouable énigme des urgences ne trouvera sa résolution que dans la réduction du nombre de services d'urgence ouverts 24 heures, dans l'amélioration des services préhospitaliers et dans l'augmentation du nombre de lits de courte et longue durée.

J'entends déjà le chœur de protestations : « Fermer des urgences ? C'est pas déjà assez congestionné ? » L'une des particularités du Québec, on l'a souvent dit, c'est la répartition pour le moins particulière de sa population sur cet immense territoire. Dans l'ensemble du Québec, nous comptons 122 services d'urgence ouverts 365 jours par année, jour et nuit. Il n'y en a que 80 en Ontario où la population est nettement plus importante...

Plusieurs de ces centres hospitaliers sont situés dans de petites localités aujourd'hui grandement dépeuplées par l'exode vers les grandes villes. Un seul exemple : la région de Chaudière-Appalaches compte, à elle seule, 12 de ces urgences au service *non-stop*, pour une population de 380 000 habitants. Dans plusieurs de ces « petites urgences », le nombre moyen de visiteurs de nuit est de deux ou trois patients ! Par contre à l'urgence de Saint-Georges, centre de référence de la région, là où sont transférés les cas graves de la majorité des petites urgences, c'est le débordement, l'empilement et les attentes interminables. Certains médecins dorment dans les urgences à bas débit, alors qu'à Saint-Georges, le personnel est exténué et que l'hôpital fait face à un déficit budgétaire chronique pénalisant : coupure dans les services, recrutement difficile, pénurie de médecins et d'infirmières...

Voilà pourquoi il pourrait être pertinent de fermer, du moins la nuit, plusieurs de ces urgences à faible fréquentation. Les économies réalisées (on parle de centaines de millions !) permettraient une redistribution aussi bien dans les centres hospitaliers régionaux que dans les services préhospitaliers.

Il est clair que l'actuelle «lâcheté politique» qui consiste à ne pas vouloir heurter certaines sensibilités locales en décrétant les fermetures de certaines salles d'urgence nuit au bien-être du plus grand nombre. De nombreux hôpitaux «sous respirateur artificiel» deviennent vétustes, ouverts mais inadaptés à la progression scientifique et technologique. Une telle incohérence politique n'est pas sans créer quelques aberrations : l'installation d'un scanner dans un hôpital donné, alors que c'est l'hôpital voisin qui obtient le neurologue...

La seule solution viable à moyen terme est évidente, bien que délicate à prendre en raison de ses incidences politiques et sociales : amélioration des services préhospitaliers et concentration des services de pointe dans les centres hospitaliers régionaux

Les services préhospitaliers

On oublie trop facilement que la qualité des soins préhospitaliers constitue la pierre angulaire de l'intervention auprès des malades qui représentent des cas graves.

Aussi importe-t-il, en tout premier lieu, de pouvoir compter sur un service ambulancier moderne, bien entretenu et parfaitement bien équipé. Certains cas nécessiteront même des transports par avions ou hélicoptères avec escorte médicale. Les deux mots clés lors de ce type d'intervention sont *la distance* et *le temps*.

Nous avons tous entendu des histoires d'horreur comme celle de ce pauvre homme qui, en arrêt cardio-respiratoire, a été transféré à l'hôpital régional, à plus de trente minutes de chez lui, alors qu'il habitait à trois rues du centre hospitalier local... Il n'est pas certain que quelqu'un, terrassé par un arrêt cardiaque, a plus de chances de survivre si l'accident a lieu dans le stationnement de l'Institut de cardiologie de Montréal qu'à Percé qui est situé à 40 minutes de l'hôpital régional de Chandler!

Tout est question de temps d'intervention, de matériel et de la compétence de celui ou celle qui prodiguera le «premier soin». La proximité d'un centre hospitalier n'est pas toujours un facteur déterminant de survie. La grande majorité des survivants d'arrêt cardiaque sont défibrillés et réanimés *sur les lieux* de l'accident. La rapidité et la compétence de l'intervention initiale est également déterminante dans beaucoup de cas d'allergies sévères, d'hypoglycémie, d'insuffisance respiratoire ou de tentative de suicide. Ce n'est pas un hasard si nous appelons l'heure qui suit l'alerte la *golden hour*.

De là l'immense importance de l'amélioration des services préhospitaliers. Une sérieuse évaluation du système ambulancier s'impose. Des sommes faramineuses ont déjà été investies pour améliorer le temps de réponse pour les cas graves. Malheureusement, 80 % des appels ambulanciers concernent des cas mineurs ne nécessitant qu'un simple transport, 15 % des cas semi-urgents et 5 % des cas vraiment aigus. Résultat : les délais de réponse pour ces derniers n'ont pas été améliorés de façon significative, et ce, malgré l'ajout de 200 millions de dollars depuis vingt ans!

Trop de gens, souvent mal informés, font appel à l'ambulance sans justification valable; la gratuité apparente de ce type de transport et la fausse idée que cela diminue le temps d'attente à l'urgence sont deux facteurs qui jouent dans cette vertigineuse ascension des coûts. Peut-être faudrait-il penser à l'instauration d'un transporteur secondaire avec des véhicules confortables, mais ne nécessitant pas tout l'équipement médical de pointe. Cela désengorgerait le transporteur principal et sauverait des vies.

Si l'amélioration des soins préhospitaliers passe par celle des ressources techniques et par une meilleure formation des intervenants paramédicaux, afin qu'ils puissent mieux et davantage agir avant l'arrivée à l'hôpital, cela ne peut également se faire sans une meilleure information et une plus grande sensibilisation et éducation du public sur son rôle et sa responsabilité dans cette mécanique complexe. Cela pouvant aller jusqu'à l'enseignement, dès le plus bas âge, des techniques simples d'intervention et de réanimation cardiaque et respiratoire.

Le rôle des groupes de médecins de famille (GMF)

C'est après la commission Clair qu'il a été proposé et accepté par le ministère de la Santé du moment de créer des regroupements de médecins qui verraient à offrir des services médicaux de première ligne ainsi qu'à assurer le suivi des patients préalablement inscrits à ces GMF. Le jour où tous les citoyens seraient inscrits à ce programme, tous se verraient confier à un médecin de famille, denrée de plus en plus rare... Plus de 4,5 millions de personnes au Canada affirment ne pas avoir accès à un médecin de famille.

De plus, ces médecins connaîtraient les antécédents médicaux de leurs patients, ce qui faciliterait grandement leur suivi. Le déploiement national de ces GMF assurerait aux citoyens un accès aux services médicaux jour et nuit. Il est alors raisonnable de penser que le grande majorité des urgences mineures (otites, fièvres, rhumes, maux de dos) pourraient être réglées par l'intervention des GMF. Ce qui aurait comme première conséquence d'alléger considérablement la tâche des urgences.

Les services d'urgence, surtout la nuit, ne devraient être utilisés que pour les cas vraiment aigus. De plus, dans certains cas, le médecin en service de garde pour son Groupe pourrait hospitaliser directement (du domicile aux unités de soins hospitaliers locaux) un malade dont la gravité du cas l'exige, sans transiter par l'urgence.

Une question pratique demeure pourtant : avons-nous le nombre de médecins nécessaire pour réaliser une telle réforme?

L'information et l'éducation de la population

Ce n'est un secret pour personne, l'urgence de nuit est devenue une «clinique sans rendez-vous». Et beaucoup en font cette utilisation précisément parce qu'ils n'ont pas de médecin de famille. Dans certains cas, l'audace des utilisateurs est franchement étonnante.

Ainsi, une nuit, alors que je faisais du dépannage en Gaspésie, deux jeunes dans la vingtaine se sont présentés à l'urgence après la fermeture des bars locaux. Ils ont alors insisté auprès de l'infirmier de triage pour me voir afin de passer un examen physique et faire remplir des demandes de permis de conduire pour la classe «camions lourds». J'ai bien sûr refusé d'obtempérer à leur demande en leur conseillant une clinique sans rendez-vous privée. Ils sont repartis avec invectives et claquage de porte... mais la simple ouverture des dossiers venait déjà de coûter 232 $ à la collectivité.

Des exemples semblables, je pourrais en citer des centaines. Combien de parents consultent la nuit pour une otite parce qu'ils ne savent pas que l'antibiotique qu'ils réclament ne commence à agir qu'après 48 heures et que seuls des analgésiques de type Advil et Tempra sont efficaces en période aiguë.

Bref, il nous faudra consacrer beaucoup d'énergie et de temps dans un programme national d'information et d'éducation. Les incidences d'une telle sensibilisation, aussi bien sur le plan de l'efficacité que de l'économie, ne seront pas moindres que l'amélioration des soins préhospitaliers et l'instauration des GMF.

L'augmentation du nombre de lits en soins aigus

Depuis plusieurs années, surtout depuis la réforme Rochon, le nombre de lits disponibles a considérablement diminué pour atteindre le ratio que nous avons déjà mentionné, soit 3,9 lits par 1 000 habitants. Cela s'avère nettement insuffisant, surtout si l'on considère que le vieillissement de la population implique des soins prolongés qui réduisent d'autant la disponibilité des lits.

Il faut donc, d'une part, améliorer ce ratio, assurer une plus rapide prise en charge de certains patients en lits de longue durée (15 à 20 % des lits sont occupés par des patients âgés en attente de placement) et perfectionner tout le secteur du soutien à domicile (nous y reviendrons).

Le financement des hôpitaux

Bien sûr, ces questions nous amènent aux conditions économiques de tels changements et, par conséquent, à une réflexion sur l'actuel, et désuet, mode de financement des centres hospitaliers.

L'actuel mode de financement est d'un simplisme un peu outrageant pour l'intelligence. Les hôpitaux sont financés par l'État qui octroie un budget annuel établi en majeure partie en fonction de la population que l'hôpital doit desservir et des services qu'il doit offrir. Aucune considération pour les régions où la population, plus âgée, a besoin de davantage de soins. Peu de considération pour les hôpitaux qui offrent des services de pointe très coûteux et qui reçoivent des patients d'autres régions sans ajustement adéquat du budget.

Récemment, l'hôpital de Sept-Îles encaissait un déficit pour des services orthopédiques donnés à des citoyens de Baie-Comeau dont l'établissement hospitalier manquait d'effectifs médicaux pour offrir ces mêmes services. Le directeur de l'hôpital de Sept-Îles refila le compte à son homologue de Baie-Comeau, alléguant que cet hôpital possédait les budgets pour desservir sa population en soins orthopédiques. Peu confortable comme situation... entre collègues.

La fragilité budgétaire des hôpitaux les rend très vulnérables sur le maintien des services à offrir. Ainsi, plusieurs réductions, parfois très subtiles, demeurent inconnues du grand public : fermetures de lits sur des étages, fermetures de salles d'opération, annulations d'interventions dites électives (chirurgies de cataractes, prothèses de hanches ou de genoux, etc.).

Tant qu'ils le peuvent, les administrateurs se gardent bien de parler de coupes et de diminutions dans les services. Combien de fois, en seize ans de pratique, ai-je entendu un administrateur affirmer : «Nous allons nous serrer la ceinture, mais les services à la population seront maintenus»? Parlez-en à ceux et à celles qui œuvrent quotidiennement avec les malades! Parlez-en avec les patients eux-mêmes, de plus en plus nombreux à être alignés dans des corridors comme s'il s'agissait d'un dispensaire de brousse!

Comment résoudre ces problèmes? Certains, de plus en plus nombreux, aussi bien dans le public que dans les sphères politiques, croient que la privatisation de certaines chirurgies serait une alternative simple qui, faisant payer ceux qui en ont les moyens, libérerait temps, lits et argent pour opérer les bien moins nantis et réduire les listes d'attente.

D'autres, et j'en suis, se permettent de douter qu'il s'agisse là de la solution miracle que l'on veut y voir. Il est loin d'être acquis, dans le système actuel, que l'argent ainsi sauvé serait automatiquement investi dans des soins aux malades en attente de chirurgie. Qui peut nous assurer que ces économies ne seraient pas détournées afin d'éponger la dette des hôpitaux ou même pire, que ces sommes ne seraient pas mystérieusement engouffrées dans de nouveaux dédales administratifs instaurés pour organiser et surveiller cette privatisation? Une telle initiative ne contribuerait alors qu'à officialiser cette «médecine à deux vitesses» déjà pratiquée de manière à peine plus occulte...

H

Il y a sûrement d'autres avenues possibles d'amélioration des services offerts à la population, et cela ne peut passer que par une refonte en profondeur du mode de financement des hôpitaux.

A-t-on déjà envisagé d'instaurer un mode de budget proportionnel aux actes médicaux offerts à la population? Ainsi le budget annuel d'un hôpital comprendrait deux volets. Un premier montant serait alloué pour le fonctionnement de base (salaires du personnel et entretien de l'édifice), alors qu'un second serait octroyé en fonction d'un mode de facturation à l'acte; c'est-à-dire que l'hôpital facturerait à la régie nationale les montants préétablis pour chaque intervention effectuée auprès d'un patient.

Un seul exemple. Dans le cas d'une chirurgie «non urgente» de la hanche pour une personne souffrant d'arthrose, le temps d'attente est, dans la majorité des cas, de plus de douze mois. Il va de soi que les hôpitaux n'ont pas intérêt à multiplier les interventions électives de ce type, car elles vont puiser alors dans leur budget annuel déjà sans doute fermé et déficitaire. Si l'hôpital facturait directement l'acte à la régie, les administrateurs auraient avantage à ce que les salles d'opération aient un taux d'occupation plus élevé.

Si on étendait ce principe à tous les services de l'hôpital, c'est le concept même de «performance» qui se verrait redéfini. Une «bonne performance» ne serait plus imputable, comme maintenant, à un impossible équilibre budgétaire, mais à un taux de rendement et de fonctionnement plus élevé des différents services.

Bien sûr, bien sûr... cela impliquerait une augmentation des budgets inhérents à plusieurs hôpitaux. Mais je ne crois pas que le budget global alloué à la santé en serait grandement affecté... Ne pensez qu'aux centaines de millions dépensés en comités, commissions diverses et en salles d'urgence maintenues inutilement ouvertes...

Une telle «philosophie» aurait du moins l'avantage de revaloriser le travail des médecins et infirmières en redéfinissant le concept même de performance. Est-il seulement raisonnable que de jeunes chirurgiens qui terminent neuf années d'études universitaires n'aient même pas une journée par semaine de salle d'opération accordée par l'hôpital? La plupart d'entre eux ne s'exilent pas pour de plus gros salaires, mais précisément pour pouvoir exercer la profession pour laquelle ils ont étudié si longtemps. Quel gaspillage de ressources humaines... et d'argent, si cela est devenu le seul argument valable!

Il est vrai que le récent mécontentement des médecins spécialistes était également causé par leur salaire nettement inférieur à celui des autres provinces. À quoi servirait d'augmenter les tarifs des actes médicaux si le système limite à ce point le nombre d'interventions? À quoi servirait de «récompenser» les médecins dans un système qui fonctionne au ralenti?

Finalement, la problématique est plutôt simple : les médecins sont des travailleurs autonomes œuvrant dans un système hautement bureaucratisé. Or, ce système s'alourdissant, il devient de moins en moins efficace confronté à l'évolution galopante des divers problèmes reliés à la santé. Le choix me paraît évident : soit nos médecins deviennent des fonctionnaires, payés à salaire pour leur simple présence et profitant de conventions collectives avec nombreux bénéfices marginaux, soit nous changeons radicalement le mode de fonctionnement des hôpitaux et nous en faisons un milieu de vie et de travail moins fonctionnarisé, susceptible de maximiser le véritable potentiel des individus.

L'épineuse question des hôpitaux universitaires de Montréal

Voici un autre éloquent exemple de valse-hésitation, tango-comités et rumba-commissions ! À chaque ministre ses hésitations, à chaque gouvernement ses tergiversations et au centre de cette « guéguerre » stérile et oh ! combien coûteuse : la sempiternelle question linguistique. On ne cesse, dans certains milieux, de hurler contre le dédoublement de certains services entre Ottawa et Québec, mais il paraît « naturel » qu'une ville de la dimension modeste de Montréal possède deux gros hôpitaux universitaires coûtant plus d'un milliard de dollars pièce (sans compter les inévitables dépassements de budget) !

Le « gros bon sens » : un seul grand centre hospitalier universitaire de Montréal, un seul CHUM, situé au centre-ville, près des centres de conférences internationaux, regroupant les facultés de médecine de McGill et de Montréal, réunissant toutes les forces vives de notre institution médicale afin que tous, malades, médecins et chercheurs puissent en bénéficier... encore là en économisant !

Toujours la même et incontournable question : qui aura le courage politique de dépolitiser la question ? Qui osera rappeler qu'en matière scientifique et médicale, la barrière des langues n'a pas à être un facteur déterminant de choix dans l'établissement d'un mégacentre hospitalier ? Qui, de gré ou de force, décrétera la fin des guerres intestines entre les establishments des deux grandes universités, entre les différents centres hospitaliers déjà existants ? Qui se décidera enfin à instaurer, comme toute première priorité : le mieux-être des « contribuables » qui, en définitive, paieront la note de toute cette kermesse politicailleuse ?

Rêvons : pourquoi, dans ce dossier, ne pas solliciter davantage l'opinion et l'intervention des jeunes médecins spécialistes et des jeunes administrateurs des deux universités qui, dans quelques années, seront les véritables maîtres d'œuvre de cet hôpital? Car jusqu'à aujourd'hui, que nous ont prouvé leurs aînés, sinon qu'ils étaient passés maîtres dans l'art du chamaillage, de la compétition et de la guerre de clochers?

Un fait demeure indiscutable : la meilleure façon de réduire les coûts et d'améliorer les soins demeure le regroupement des services techniques des diverses spécialités médicales. Ainsi, à Toronto, le regroupement des services cardiologiques : seulement trois grands centres qui assurent les chirurgies cardiaques. À Montréal, il en reste sept! Conséquence : le temps d'attente pour ces chirurgies dépasse très rarement quatre semaines à Toronto... à Montréal, il faut habituellement compter six mois!

À nous maintenant de tirer les bonnes conclusions...

4. Le remaniement du réseau des CLSC

Honnêtement, qui se souvient encore de ce que signifiait le sigle CLSC?

Le cas Giguère : une plainte parmi d'autres!

Un vendredi, 13 heures

M. Giguère se présente à l'urgence de l'hôpital A. Je le vois quatre heures plus tard et diagnostique une infection du pied droit nécessitant un traitement par antibiotiques intraveineux pour 48 heures. Ce médicament lui sera donné à domicile grâce à une petite pompe électronique installée à la ceinture. Ce type d'antibiothérapie à domicile réduit l'affluence dans les corridors et le patient reçoit son traitement confortablement installé chez lui.

Je lui installe donc son petit cathéter intraveineux et lui donne sa première dose. Il doit par la suite se présenter au CLSC le plus près de sa localité où une infirmière installera la pompe branchée sur une tubulure communiquant avec le cathéter.

Vendredi, 18 h 30

M. Giguère quitte l'hôpital pour le CLSC X. Après une demi-heure d'attente, l'infirmière de garde le réfère au CLSC Y, car M. Giguère n'habite pas le secteur du CLSC X bien qu'il réside à quelques kilomètres de là... « à la frontière de deux districts différents... ».

Vendredi, 19 h 30

Arrivée au CLSC Y. Après un autre trente minutes d'attente, il apprend que le CLSC Y possède un modèle différent de pompe et que celui-ci ne peut être installé, car les tubulures ne sont pas compatibles avec le cathéter intraveineux que nous lui avons placé. Malheureusement, même si elle a la compétence nécessaire, l'infirmière ne peut changer le cathéter car cela ne « fait pas partie de ses charges »... cela doit être fait à l'hôpital. Elle le réfère donc à l'urgence de l'hôpital B pour installer un cathéter compatible.

Vendredi, 23 h 30

M. Giguère reçoit son congé de l'urgence de l'hôpital B et retourne au CLSC Y pour l'installation de sa pompe... Mais le CLSC Y est fermé ! Il devra attendre au lendemain.

Exaspéré, avec raison, M. Giguère porte plainte, plainte qui, après avoir navigué de CLSC Y en CLSC X et d'hôpital B en hôpital A, finit par atterrir sur le bureau du directeur des services professionnels de MON centre hospitalier. Je serais le fautif, car j'aurais dû orienter le patient directement au CLSC Y...

— Non, monsieur le directeur, car c'est l'hôpital B qui a les cathéters compatibles avec les pompes du CLSC Y... j'aurais donc dû dire à M. Giguère, qui avait déjà attendu quatre heures à notre urgence, d'aller attendre un autre quatre heures à l'hôpital B ? J'aurais eu une plainte de toute façon... Vous voulez savoir ce que j'en pense ? Ce système est du plus haut ridicule. Nous devrions installer nous-mêmes ces foutues pompes, ce serait simple, rapide, efficace... et moins coûteux !

— Mais ce sont les CLSC qui ont le budget des pompes... Je demanderai que nous achetions des cathéters compatibles avec les pompes des deux CLSC... Vous voyez bien que la médecine ce n'est pas aussi simple que vous semblez le penser!

— C'est bien parce que certains veulent apparemment tout faire pour la compliquer, monsieur le Directeur...

Porte d'entrée ou de sortie?

Je souris toujours lorsque je vois, le long de nos autoroutes québécoises, de petits panneaux bleus indiquant les sorties pour accéder au CLSC le plus près. Quand on sait que ces institutions se veulent des entités strictement régionales et qu'elles ne desservent que la population résidant dans un district bien délimité, on se demande à quoi peut bien servir cet affichage, sinon à publiciser leur existence toute québécoise... dans une province qui se veut, jusque-là, différente des autres...

Lors de leur création, il y a 25 ans, ils devaient être la porte d'entrée du système de santé. Aujourd'hui, sauf dans les quartiers défavorisés ou en régions éloignées où certains CLSC offrent très bien les services de première ligne, ils remplissent rarement cette vocation. Quand le service de première ligne s'est révélé un échec dans les CLSC, les administrateurs, plutôt que de tirer les conclusions qui s'imposaient, dénoncèrent le manque de budget et d'équipement pour expliquer cette faillite. Ils n'avaient pas totalement tort, car il est vrai qu'en 2003, pour pratiquer ce type d'intervention, il faut un peu plus qu'un thermomètre et un stéthoscope...

Alors, nous faut-il aujourd'hui investir davantage et équiper adéquatement les 147 CLSC pour qu'ils soient aptes à remplir la mission qu'on leur avait dévolue il y a un quart de siècle? Les hôpitaux, souvent situés à quelques coins de rue, sont déjà équipés pour répondre à cette demande. Sans compter qu'ils fonctionnent déjà eux-mêmes bien souvent en bas de leur capacité réelle... précisément par manque de moyens financiers pour opérer à plein régime.

Vers la fin des années 1990, le ministre Rochon a eu l'idée de repenser les CLSC, comme «portes de sortie» cette fois du système de santé, par le biais du désormais fameux virage ambulatoire. Nouvelle réforme, nouvel échec. Non pas que le virage ambulatoire ait constitué en soi une mauvaise idée, même ceux qui furent à l'origine du concept admettent aujourd'hui qu'on a voulu le mettre en œuvre trop tôt... et avec insuffisamment de moyens financiers. S'il est vrai que la structure des CLSC n'avait pas les budgets nécessaires à cette nouvelle vocation, c'est peut-être tout simplement que le gouvernement n'avait pas les moyens d'entreprendre une réforme aussi audacieuse.

Plus récemment, la commission Clair proposait de revenir à l'idée initiale et cette fois de faire des CLSC la «porte d'entrée» pour la «première ligne sociale». Ainsi les CLSC ne donneraient que des services psychosociaux et des services de base pour les jeunes et les familles; les services de première ligne médicale étant assurés par les GMF...

Une chose est évidente : on peut faire mieux et beaucoup plus avec tous ces professionnels de la santé et ces bâtiments modernes. Mais pour ça, il faudra une nouvelle fois remettre en question la lourdeur administrative et le fonctionnement même de cette structure.

Une solution de rechange

Pourquoi ne pas faire des CLSC des «points de service en santé» affiliés aux différents hôpitaux. Ainsi, tous les travailleurs de la santé globale, des urgences, de la prévention et des services sociaux seraient de véritables associés travaillant dans un seul but : l'amélioration de la condition des patients.

L'économie serait appréciable, ne serait-ce qu'en coûts administratifs, sans compter qu'une telle structure éviterait de nombreuses duplications de services offerts aussi bien à l'hôpital que dans les CLSC environnants. Cela permettrait également une réelle mobilité des professionnels entre l'hôpital et les points de service.

Saviez-vous qu'il y a actuellement 1 400 médecins qui travaillent en CLSC dans l'ensemble de la province? Je connais des hôpitaux régionaux qui fonctionnent, tant bien que mal, avec huit médecins à bout de souffle pour assurer les services d'urgence et le suivi des malades sur les unités de soins; au CLSC situé tout près, il y a six médecins qui travaillent 36 heures / semaine! La situation est souvent la même en ce qui concerne les autres professions médicales : personnel infirmier, psychologues, travailleurs sociaux, techniciens des diverses disciplines.

Là encore, il serait facilement possible de conjuguer un meilleur rendement, une plus grande efficacité et une non moins négligeable économie de fonds publics.

5. Les cliniques privées

Il y a encore beaucoup de confusion quant à savoir en quoi consiste exactement le statut d'une clinique dite privée. Il existe déjà de très nombreuses cliniques privées au Québec. Qu'elles soient avec ou sans rendez-vous, presque toutes celles que nous fréquentons régulièrement sont des cliniques privées. Ce qui signifie qu'elles sont la propriété d'une ou plusieurs personnes et que des médecins et spécialistes de la santé y travaillent tout en étant affiliés au régime d'État et en étant rémunérés à l'acte par l'assurance-maladie du Québec. « Privé » ne signifie donc pas nécessairement désaffiliation des médecins et services facturés directement aux clients.

Plusieurs de ces cliniques ont récemment dû fermer leurs portes en raison de l'augmentation des coûts reliés à leur opération : hausse constante des coûts des biens immobiliers et d'équipement sophistiqué. Une autre conséquence de l'actuel système de financement : les médecins étant rémunérés à l'acte, plusieurs d'entre eux n'ont d'autre choix que de miser sur le volume des patients au détriment d'une pratique attentive, disponible et de réelle qualité. Ainsi assistons-nous actuellement à une prolifération de cliniques dites « sans rendez-vous » où très souvent les consultations ne durent guère plus de quelques minutes.

Le rapport de la commission Clair ouvre la porte à un nouveau mode de rémunération qui miserait sur des regroupements de médecins qui se verraient confier conjointement les patients d'un territoire donné. Une telle initiative – nous en avons déjà traité – permettrait, par le biais de subventions gouvernementales, une prise en charge de la population jour et nuit.

Il ne reste plus qu'à mettre en place ce système qui aurait de plus l'avantage de substituer une médecine de qualité à l'actuel rodéo quantitatif : au suivant !

6. Le soutien à domicile et en centre d'accueil

Toutes les études démographiques démontrent on ne peut plus clairement que l'actuel rythme de vieillissement de la population constitue un véritable défi... mais impossible à relever par notre système de santé dans les conditions présentes.

Une personne hospitalisée coûte, en moyenne, 600 $ quotidiennement à la collectivité. Il n'y a pas de risque à avancer que, selon les hôpitaux, 10 % à 20 % des lits sont occupés par des malades chroniques âgés, faute de place dans les centres d'accueil et les foyers. Ce phénomène est en hausse et, inutile de le préciser sans doute, contribue grandement à l'engorgement des services d'urgence.

Soutien à domicile

Mon expérience m'a convaincu que la grande majorité des personnes âgées désirent demeurer dans leur maison ou leur appartement le plus longtemps possible. D'ailleurs, contrairement à une opinion trop répandue, ils y sont très souvent plus en sécurité que dans une institution, car ils y risquent bien moins certaines contagions ou épidémies provoquées par la promiscuité : pneumonie, grippe, gastro-entérite ; des pathologies qui peuvent être fatales à cet âge de la vie.

Il est donc primordial de mettre sur pied un véritable service de soins et de soutien à domicile afin de pouvoir y maintenir ces personnes aussi longtemps que le permet leur condition médicale. Pour ce faire, nous devons agir simultanément et rapidement sur deux fronts.

L'aide aux familles et le recours aux initiatives locales

Il est impératif d'imaginer des formes d'aide directe aux familles qui désirent maintenir ces personnes dans leur milieu «naturel» : allocations mensuelles, crédits d'impôt, aide dans les tâches diverses. À ce propos, l'État pourrait faire davantage dans son soutien à certaines initiatives locales basées presque entièrement sur le bénévolat et susceptibles de contribuer à cette opération : repas, entretien ménager, aide à l'hygiène et aux déplacements.

Il n'est pas rare, mais non moins aberrant, de voir certaines municipalités refuser à des familles le droit de construire un petit appartement adjacent à leur maison ou au sous-sol afin d'y loger un parent âgé, sous prétexte que le zonage n'est pas «commercial»!

L'aide aux aînés est-elle une entreprise commerciale? Faut-il les cacher dans les placards et les sous-sols afin d'éviter des amendes de municipalités où les maires agissent en petits roitelets jaloux de leur royaume? Situation parfaitement loufoque dans un contexte où tous les niveaux de pouvoir et de décision devraient encourager (par des déductions de taxes et d'impôt, entre autres mesures) toute initiative familiale susceptible de contribuer au bonheur de ces personnes... et de soulager un système de santé déjà bien assez encombré.

Centres d'accueil : urgence!

Bien entendu, le soutien à domicile a ses limites, surtout dans les cas de maladies comme la démence, l'accident vasculaire-cérébral et la perte d'autonomie grave qui nécessitent des soins complexes que la famille ne peut donner. La demande de placement en centre de longue durée augmente à un rythme exponentiel; ce qui provoque l'actuelle situation où les hôpitaux jouent très souvent le rôle de «salle d'attente» de ces centres inexistants.

Il importe donc de procéder rapidement à la construction de lieux d'hébergement publics ou privés, bien équipés et confortables, susceptibles de donner à ces aînés des soins de qualité mérités.

Et la facture, dans tout ça, direz-vous? Pensez-y : 600 $ quotidiennement, cela signifie près de 220 000 $ pour une seule année... et pour un seul lit!

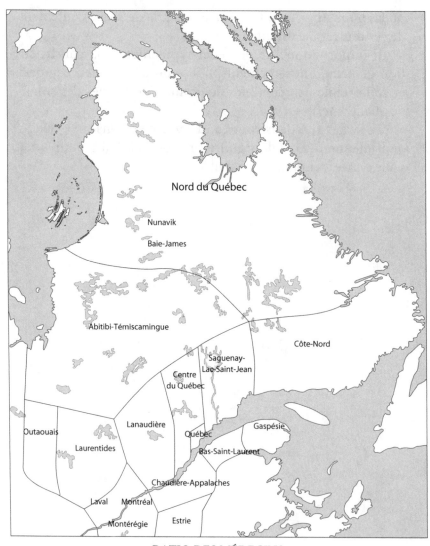

RATIO DES MÉDECINS

	Méd./hab.	% spéc.		Méd./hab.	% spéc.
Abitibi-Témiscamingue	1:651	40	Laurentides	1:738	34
Baie-James	1:733	---	Laval	1:755	60
Bas-Saint-Laurent	1:548	41	Montérégie	1:438	50
Centre du Québec	1:691	39	Montréal	1:347	64
Chaudières-Appalaches	1:654	35	Nunavik	1:140	---
Côte-Nord	1:723	32	Outaouais	1:711	37
Estrie	1:438	51	Québec	1:414	57,5
Gaspésie	1:521	36	Saguenay-Lac-Saint-Jean	1:633	41
Lanaudière	1:837	36			

7. Le rôle du médecin

Au Québec, il y a actuellement près de 18 000 médecins presque équitablement répartis entre omnipraticiens et spécialistes. Cela nous assure un ratio plutôt enviable à l'échelle canadienne (1 : 520 personnes), mais bien inférieur à la situation qui prévaut en France (1 : 400) ou alors en Suisse (1 : 286)! La situation du Québec, on le sait, a de plus une particularité démographique qui complexifie l'interprétation d'une statistique aussi simple que celle-là.

Quelques conclusions

1. Une grande concentration des médecins se retrouve en centres urbains : Montréal, Québec et Estrie.
2. Certaines régions périphériques (Gaspésie, Bas-Saint-Laurent) présentent, à première vue, un ratio acceptable. Cependant, la superficie des territoires et l'étalement conséquent de la population occasionnent des pénuries de médecins dans plusieurs hôpitaux.
3. Les régions semi-périphériques (Lanaudière, Montérégie, Laurentides et Outaouais) ont des ratios nettement trop élevés (1 : 700), ce qui occasionne de graves pénuries régionales.
4. Pire encore, certaines régions éloignées conjuguent ratios élevés et territoires immenses difficiles à desservir, avec les conséquences qu'on imagine : Abitibi, Côte-Nord et Nord du Québec.

5. D'autres problèmes sont causés par d'étranges répartitions entre généralistes et spécialistes. Ainsi, dans les centres urbains où pratiquent plus de spécialistes que d'omnipraticiens, il sera plus difficile de se dénicher un médecin de famille. Alors que dans les régions plus éloignées, ce sont les spécialistes qui sont denrées rares ; phénomène moins grave dans les régions semi-périphériques où les contribuables ont toujours le choix d'aller « contribuer » dans les grands centres.

Une autre façon de calculer

Cette manière d'évaluer la situation en fonction de la présence des médecins selon les régions ne donne pas un portrait tout à fait réaliste de la situation. En effet, il faut également tenir compte de cette répartition transrégionale en fonction des activités et des services spécifiques offerts par ces médecins. Une analyse statistique, tenant compte des activités réelles évaluant les charges de travail accomplies en termes d'heures, nous donne un meilleur aperçu de la situation. C'est ce que l'on appelle la répartition des médecins selon leur « équivalent temps plein » ou ETP.

Ce mode de calcul tient compte de la charge individuelle non seulement en fonction des heures travaillées, mais du profil professionnel de la pratique : CLSC, urgence, bureau, clinique, arrêts pour cause de maladie ou de grossesse.

Le sexe des intervenants est également à prendre en considération. Présentement, les femmes comptent pour 42 % des omnipraticiens et 25 % des spécialistes. Elles représentent aussi une majorité des 1 400 médecins des CLSC et elles sont une part importante des plus jeunes médecins qui travaillent beaucoup moins d'heures que leurs aînés hebdomadairement (35-40 heures contre une bonne soixantaine). Ce sont des choix de carrière et de vie qu'on ne saurait discuter ou contester idéologiquement. Il n'en demeure pas moins qu'il s'agit là d'une statistique dont on doit tenir compte pour l'avenir : les conditions spécifiques de la pratique médicale par les femmes (grossesses, obligations familiales diverses, pratiques davantage conformes avec leur vie privée, etc.) doivent être prises en considération dans le calcul de la pénurie croissante de médecins pratiquant dans les hôpitaux.

La formation

Selon une estimation récente, tenant compte de ce facteur ETP, il manquerait au moins un millier de médecins de famille et tout autant de médecins spécialistes. Pourtant, il y a une quinzaine d'années, d'un même souffle, le gouvernement réduisait (pour des raisons économiques) le nombre d'admissions dans les facultés et encourageait ces mêmes facultés (pour des raisons idéologiques d'équité et de discrimination positive) à ouvrir leurs portes à davantage de femmes.

Ces deux facteurs conjugués allaient accroître une pénurie qui était déjà menaçante. Aujourd'hui, les femmes constituent 75 % des personnes inscrites dans les facultés de médecine! Sans pour autant remettre en cause certains choix de société, il est évident qu'il nous faudra tôt ou tard former beaucoup plus de médecins pour satisfaire aux demandes croissantes de la population. Sans tomber dans le piège de la statistique, il nous faut certainement nous questionner sur l'actuelle désertion, par les hommes, de nos facultés de médecine et, éventuellement, trouver des moyens de revaloriser cette profession aux yeux de TOUS les candidats susceptibles d'y œuvrer.

J'ai toujours cru, par exemple, que nos facultés auraient avantage à encourager les étudiants ayant déjà fait des études universitaires dans d'autres disciplines (scientifiques ou non). Cela conférerait aux nouveaux pratiquants des qualités humaines et une expérience de vie plus grande dès leur entrée dans l'univers médical.

Actuellement, la principale lacune se situe au niveau du milieu hospitalier. Aussi faut-il encourager ce type de pratique au moment de la formation (urgence et prise en charge des patients hospitalisés). Quand on sait que des 1 400 médecins des CLSC une infime partie pratique également en hôpital... il est facile de comprendre que le regroupement de ces services réglerait déjà une bonne partie du problème.

Bref, il ne faut plus attendre. La solution est à moyen et à long terme... et ne viendra pas uniquement de l'immigration massive de médecins étrangers. Il y a déjà pénurie... et il faut en moyenne dix ans pour former les spécialistes dont nous avons MAINTENANT besoin ; et qui ont préféré, pour 750 d'entre eux depuis 1996, aller pratiquer ailleurs.

Inutile de dire à quel point la situation critique qui prévaut – et qui durera encore plusieurs années – exige que les médecins acceptent de mettre les bouchées doubles. Mais cela ne pourra se faire que dans un climat de confiance, de respect, d'encouragement et d'amélioration des conditions de travail.

L'incitation

Trop souvent, au cours des dernières années, le gouvernement a tenté de régler SES problèmes par des mesures coercitives ou des législations. Manifestement, cette stratégie n'a pas encore donné les résultats escomptés.

Il me semble évident que l'intérêt des jeunes médecins pour les régions éloignées, par exemple, ne se développera pas à coup de décrets ou de sur-primes. Mon expérience m'a prouvé précisément le contraire. La plupart des médecins ne carburent pas à ce type d'arguments.

Pour cette majorité, il va de soi que la liberté de pratique prime sur toutes les considérations monétaires. Voilà pourquoi la solution à long terme à ces récurrentes pénuries régionales ne peut passer que dans la mise en place de moyens incitatifs axés avant tout sur cette liberté de pratique.

Il est faux de prétendre que les médecins ne veulent pas aller pratiquer en région. Une grande majorité d'entre eux – je les côtoie depuis assez d'années pour le savoir – ont un profond sens humanitaire et font preuve de beaucoup de générosité dans leur pratique. En fait, ils ont perdu confiance en leurs administrateurs, négociateurs et décideurs politiques. Ces derniers se sont évertués, au cours des dernières années, à se les aliéner : plafonnement des revenus, loi 114 créant l'obligation, par voie judiciaire, d'aller travailler en urgence, diminution des admissions en médecine... et j'en passe.

Il faut donc d'abord rétablir le lien de confiance, ne plus soumettre le corps médical à des menaces législatives et à des lois matraques et cesser également ces discours ineptes et manipulateurs faits régulièrement à la population. Ce sont là de véritables insultes et des propos outrageusement inadéquats pour ceux et celles qui connaissent véritablement l'actuelle situation de notre système ; de telles déclarations partisanes et politicailleuses ne peuvent qu'alimenter un climat propice à la confrontation.

Nous l'avons dit, les dix prochaines années seront difficiles, surtout en région. Il importe donc que ceux et celles qui accepteront de relever ce défi puissent le faire dans des conditions acceptables. Il faut bien sûr maintenir les actuels bénéfices consentis à titre incitatif (primes d'installation, remboursement des frais de congrès, majoration des salaires dans certaines régions), mais aussi assurer et même accentuer la liberté de pratique de ces médecins.

L'actuelle loi 142 oblige les médecins aux «exigences des activités médicales particulières» pendant 20 ans ! En résumé ces «activités particulières» encadrent le travail et la répartition des médecins selon les besoins médicaux de la région. Ainsi, si un hôpital est en manque d'effectifs pour assurer le suivi des patients hospitalisés ou alors aux services d'urgence, les médecins de cette région devront aller travailler dans cet hôpital pour un certain nombre d'heures, et ce, tant que l'état de crise ne sera pas passé. À l'opposé, si un hôpital a tous ses effectifs médicaux, il ne pourra accueillir de nouveaux médecins. Un médecin qui ne se conforme pas à ces règles verra son salaire amputer de 30 % !

Encourager la pratique régionale pourrait prendre plusieurs formes. Par exemple :

- Un médecin qui s'installerait en région pour une période de trois ans pourrait ensuite pratiquer dans l'hôpital de son choix, peu importe l'état du plan d'effectifs de l'institution, tout en demeurant soumis à la règle des activités particulières.
- Après cinq années de service, il pourrait choisir son institution et être dégagé de l'obligation de se soumettre aux activités particulières. En somme, il aurait mérité une totale liberté de pratique.
- Dix années de service régional signifierait la pleine liberté de pratique et un salaire majoré de 15 % à vie, peu importe la région.

Ces mesures incitatives pourraient prendre d'autres formes, comme le soutien au conjoint dans sa recherche d'emploi dans la nouvelle région, l'aide à l'accès à une nouvelle propriété, etc. L'État doit cesser de voir de telles mesures uniquement comme des dépenses qui ne feraient qu'ajouter au déficit. Quand un médecin et sa famille s'installent en région, c'est un investissement pour cette même région. Il y aura l'achat d'une maison bien sûr, mais aussi l'entretien, les rénovations, l'ameublement, les assurances, sans compter la voiture, l'épicerie, la garderie, les frais de transport et les loisirs. Tous ont donc avantage à faciliter l'installation de jeunes médecins en région.

C'est bien simple, il s'agit de ne plus faire du travail en région une mesure punitive ayant l'allure de la réclusion au goulag, mais plutôt une entreprise stimulante, enrichissante et aussi bien professionnellement que familialement motivante. C'est à cette seule condition que nous réussirons à régler de façon harmonieuse et constructive ce qui, pour l'instant, semble constituer l'épine au pied de tous les ministres et de tous les gouvernements qui se succèdent.

8. Le rôle des soins infirmiers

Faut-il vraiment ajouter que la situation n'est pas bien plus reluisante au niveau des soins infirmiers? L'amélioration des conditions de travail y est encore plus urgente. Personne ne doute qu'il faut au plus vite augmenter le nombre de postes à temps plein afin de permettre une régularité des horaires. De plus, il est primordial d'accroître le nombre de finissants universitaires en sciences infirmières et de valoriser cette profession en augmentant les responsabilités des diplômées universitaires. Plusieurs tâches quotidiennes (repas, soins hygiéniques, déplacements) ne devraient être assurées que par des préposés.

Il va de soi que l'assouplissement de certaines conventions collectives permettrait d'élargir la définition des tâches et de favoriser la mobilité des effectifs à l'intérieur d'un même hôpital et même entre les hôpitaux. Il nous faut au plus vite imaginer d'autres façons de résoudre les différends que les archaïques procédures de griefs et d'arbitrage qui ne sont souvent qu'une autre spectaculaire façon d'engraisser les déficits.

Serait-il utopique d'envisager la création d'une banque de dépannage nationale d'infirmières et d'infirmiers? Semblable à celle qui existe déjà pour les médecins, elle permettrait à certains hôpitaux en manque de personnel temporaire de recruter dans des régions où les effectifs sont comblés.

Car il y a, même si on en parle rarement, des régions qui vivent des surplus d'effectifs en personnel infirmier. Et je ne doute pas que plusieurs de ces jeunes seraient heureux de venir prêter main-forte à leurs collègues des grands centres de façon sporadique. Pourquoi, là encore, devrait-on avoir recours à la contrainte pour régler un problème? Peut-être suis-je naïf, mais ce que j'avance me paraît du moins plus logique qu'une récente déclaration d'administrateurs selon laquelle la coupe de 70 postes permanents d'infirmières n'allait en rien affecter les services offerts aux patients de cet hôpital!

9. Le rôle des grands syndicats

Évidemment, plusieurs des aménagements que je propose demanderont aussi une certaine souplesse sur le plan de l'actuelle gestion des droits syndicaux. Je ne parle pas de compromissions, encore moins de sacrifices. Quand on sait que le personnel de chaque hôpital est encadré par une vingtaine de conventions collectives différentes, toutes plus complexes à comprendre et à gérer, il n'est pas exagéré de penser qu'il y aurait place pour un certain « allègement » des structures, là également. À ce chapitre, la palme revient au centre hospitalier de l'Université de Montréal (CHUM) où cohabitent 42 conventions collectives!

Qui sont les gagnants dans un tel système? Peut-être quelques avocats, négociateurs, administrateurs ou pseudo-experts en relations de travail, mais sûrement pas les travailleurs et encore moins les contribuables. Rien d'anormal, dans un tel contexte, à ce que tout différend dégénère en affrontement, en conflit, quand ce n'est pas en guérilla où tous les coups semblent permis.

L'amélioration du climat dans les relations de travail ne peut passer que dans une simplification et une transparence plus grande dans les conventions collectives. Il ne fait aucun doute qu'une présence syndicale au conseil d'administration de la régie nationale de la santé permettrait une meilleure information et une plus harmonieuse communication entre les parties. À cette seule condition, l'actuelle et quasi permanente confrontation fera place à un véritable partenariat, et ce, pour le plus grand bien des travailleurs et des usagers du système.

10. La participation de la population

Il nous faut y revenir : la population doit comprendre que si rien ne change, l'État, d'ici peu, ne pourra plus offrir les services actuels, même aussi imparfaits soient-ils. Et l'attitude de cette même population ne constituera pas un facteur négligeable dans cet incontournable « autre » virage. Sans cette conscientisation, le système risque de vivre une crise irréversible qui le mènera à sa perte, soit, entre autres conséquences, un retour anarchique à la privatisation ; ce que nous vivions il y a cinquante ans et que nos voisins américains vivent encore aujourd'hui avec 41 millions de personnes sans assurance-maladie.

Il y a une chose que nous avons trop tendance à oublier collectivement : ces services que nous décrions tant ne sont même pas GRATUITS. Nous avons intériorisé, avec les années, ce concept d'État-providence qui nous prend en charge dès la garderie à 5 $ jusqu'au centre d'accueil et aux services de soins palliatifs : accès universel, assurance-sociale, assurance-médicaments, transports préhospitaliers, services connexes telle la Commission de la santé et sécurité au travail. Mais même si nous nous payons ces services exceptionnels en étant les citoyens les plus taxés en Amérique du Nord, il n'en demeure pas moins que bientôt, très bientôt, nous ne pourrons plus nous les offrir.

Sans pour autant nous culpabiliser ou nous auto-flageller, il faut bien admettre que nous vivons, depuis presque 30 ans, en « état de dépendance » par rapport à nos institutions. Le temps est venu de l'affranchissement et de l'authentique prise de conscience sociale. Certaines données démographiques ne sauraient mentir : baisse de la natalité, vieillissement de la population, augmentation de l'espérance de vie, désertion hâtive du marché du travail ; autant de facteurs qui, en diminuant l'apport de revenus, augmentent la charge financière des travailleurs actifs.

Dans l'actuel contexte de mondialisation et de compétition ouverte tant sur le plan industriel que commercial ou national, impossible pour le Québec d'augmenter les charges sociales des entreprises ou des individus. Ce sera donc à chacun de faire son examen de conscience et de revoir sa façon d'utiliser des services de santé que nous PAYONS.

Depuis 20 ans, il y a une nette augmentation du nombre de consultations pour des raisons souvent à peine justifiées : maux de tête, rhumes, fièvres légères, sans compter ceux et celles qui « ne filent pas », qui ne dorment pas, qui dorment trop, qui ont mal au dos le lundi matin et encore un peu plus durant la saison de la chasse et de la pêche, etc.

Que l'on me comprenne bien : il n'est pas question ici de généraliser la malhonnêteté, voire une certaine « perversion », même s'il demeure vrai que quelques personnes tentent encore de venir « parker » leurs vieux parents à l'urgence pendant leurs propres vacances de Noël dans le Sud[1]. La très grande majorité des dépenses inutiles sont dues à un manque d'information et d'éducation sur la santé et les soins de base à donner à nos proches.

Quelques exemples de coûts reliés à l'utilisation, parfois injustifiée, des services de santé :

• transport ambulancier : 400 $

---

1. Robert Patenaude, *24 heures à l'urgence*, Montréal, Québec Amérique, 2000.

- ouverture d'un dossier et triage par l'infirmière de l'urgence : 116 $
- chambre à l'étage : 600 $ par jour
- soins intensifs : 1 500 $ à 2 000 $ par jour

Il est tout de même étonnant que, dans un contexte moderne aussi axé sur l'information, la communication et la libre circulation des idées, les citoyens soient si peu au fait de certaines données fondamentales concernant la santé. Cette éducation devrait être faite dès le jeune âge, et au plus tard vers la fin des études secondaires. Une telle formation gagnerait à être obligatoire et à traiter de plusieurs aspects relatifs à la santé : nutrition, maladies, sexualité, dépression, pulsions suicidaires, etc. Sans oublier une conscientisation à la fragilité de cette même santé et des outils de prévention contre les principales menaces : alcool, drogues, tabac, vitesse au volant, alimentation, etc.

Faut-il répéter que de tels cours gagneraient à être jumelés à des exercices pratiques de réanimation cardio-respiratoire et de manœuvres et soins d'urgence de base, ainsi qu'à des visites d'hôpitaux, de services d'urgence, d'unités de soins de longue durée pour patients traumatisés de la route, de centres de désintoxication, etc.?

Nous gagnerions déjà beaucoup à ce que nos enfants soient assez tôt confrontés avec certains aspects, même peu réjouissants, de LEUR réalité. Paradoxalement, cette génération du «vécu» manque de contacts réels avec plusieurs aspects de son propre univers. Il serait trop facile sans doute de condamner, une fois de plus, l'envahissement de leur quotidien par le monde virtuel d'Internet et de la télévision. Mais il n'en demeure pas moins que rien ne pourra remplacer les récits «en direct» de victimes handicapées par des accidents de la route, ou de rescapés de l'univers des drogues ou de l'alcool. À trop vouloir les protéger, nous contribuons à en faire les victimes potentielles d'un monde que nous nous efforçons d'occulter.

11. L'instauration de frais d'utilisateur

Que cela soit dit et surtout que cela soit entendu, sans pour autant que l'on crie à l'hérésie et que l'on m'accuse de discours réactionnaire et d'extrême droite : les frais d'utilisateur (ou toute autre appellation), NOUS DEVRONS Y VENIR ! Tôt ou tard... en espérant que ce ne soit pas trop tard pour la survie du système.

Et puisque certaines choses doivent être dites, ajoutons que ce n'est un secret pour personne qu'il risque toujours d'y avoir de l'exagération et du gaspillage lorsque l'utilisateur a « l'illusion de la gratuité ». Vous en doutez ? Un petit stage d'observation dans un restaurant-buffet « à volonté » devrait vous en convaincre...

Puisque nous vivons dans un « régime universel », pourquoi ne pas imposer un ticket modérateur non moins universel de 10 $? Simplement parce qu'il serait simpliste de tomber dans l'excès contraire. Tentons donc d'imaginer une formule à la fois réaliste et socialement juste.

Une autre carte... et des principes !

L'avènement de la carte à puce médicale doit être sérieusement envisagé. D'abord, nous en avons déjà traité, cela permettrait de sauver des vies en ayant accès rapidement au passé médical et à la fiche des médicaments de patients en état d'urgence. De plus, elle permettrait de réduire considérablement les cas de fraude d'utilisation de fausses cartes d'assurance-maladie (un autre créneau possible d'économies non négligeables). Finalement, un tel système pourrait, l'heure venue, faciliter un mode de facturation tenant compte de l'échelle salariale, des conditions sociales, familiales ou médicales des utilisateurs. La facturation (le plus souvent assumée par l'État) parviendrait au patient qui serait immédiatement informé des coûts liés à chaque traitement. Ainsi, un malade, victime d'un infarctus du myocarde sauvé par une chirurgie coronarienne, saurait qu'une telle intervention coûte environ 50 000 $ aux contribuables. Encore une fois, il n'est pas question ici de culpabiliser ou de rendre le citoyen « redevable » à l'État, mais simplement de relativiser cette idée de frais d'utilisateurs ajustés en fonction de quelques principes sociomédicaux acceptables par la grande majorité de la population.

Quelques paramètres possibles d'application de frais d'utilisateur :

1. Tout citoyen aurait droit à une visite annuelle gratuite pour un examen général. Cette exemption s'appliquerait aussi bien à celles et ceux qui consultent un médecin en clinique privée, en CLSC, à domicile ou à l'hôpital.

2. Certaines personnes seraient exemptées des frais d'utilisateur :
   • les femmes enceintes ou en suivi *post partum*
   • les nouveau-nés et les enfants de moins de deux ans
   • les patients souffrant de maladie chronique grave : maladie cardiaque, pulmonaire, digestive, neurologique, diabète, etc.
   • les patients souffrant de troubles psychiatriques : psychose, schizophrénie, dépression majeure, etc.
   • les patients en suivi d'accidents graves : polytraumatisés, grands brûlés, etc.

- les patients vivant des situations sociales ou familiales spécifiques.

Il va sans dire que les frais d'utilisateur devraient être logiquement ajustés en fonction du revenu. Un exemple en fonction du revenu annuel :

- moins de 30 000 $: 5 $
- de 30 000 $ à 50 000 $: 10 $
- de 50 000 $ à 100 000 $: 20 $
- plus de 100 000 $: 30 $

Exagéré? Néo-fasciste comme solution? Combien coûte un paquet de cigarettes, un billet de loterie, une caisse de bières? Si une consultation médicale nécessaire ne vaut pas ces tarifs, c'est toute notre échelle de valeurs qu'il nous faudra revoir. Sans compter qu'il serait possible d'ajouter à ces «précautions» sociofamiliales des exemptions du type «enfants de moins de 12 ans», «étudiants» ou alors des déductions d'impôt croissante pour les familles ayant un, deux ou plus de trois enfants.

Somme toute, les solutions ne manquent pas. Qui ne serait pas prêt à se soumettre à cet exercice du ticket modérateur en ayant la conviction que cela permettrait à tous de profiter, à moyen terme, de services plus rapides et performants?

Mais encore une fois, qui donc aura le courage politique de mettre les pendules économiques à l'heure et de proposer à la population le véritable choix : autodiscipline et participation ou faillite définitive de la machine médicale telle que nous la connaissons présentement?

12. Le coût croissant des médicaments

Quant à parler de conscientisation, d'autodiscipline et de réalisme... j'ai préféré garder cette question pour la fin, car nul doute qu'elle est la plus susceptible de heurter certaines sensibilités. Vous aurez peut-être, pour plusieurs d'entre vous, applaudi à mon idée de retirer la gestion de la santé au pouvoir politique, voyons si, dans ce dossier des médicaments, je mériterai une telle popularité...

On ne cesse de nous le répéter, la croissance des coûts de l'assurance-médicaments est exponentielle : près de 30 % au cours des trois dernières années. Ce programme s'élève maintenant à près de deux milliards de dollars annuellement.

Plusieurs paramètres peuvent expliquer cette situation : le coût des nouveaux médicaments arrivant sur le marché, le vieillissement de la population et son besoin de soins grandissant et la surconsommation de certains médicaments. Ce dernier facteur me paraît être à lui seul l'une des principales causes de cette vertigineuse ascension des coûts. Et c'est certainement là qu'il nous serait possible d'agir le plus directement.

J'ai d'abord dressé une liste de médicaments fréquemment prescrits avec une certaine légèreté par plusieurs médecins et devenus, depuis une dizaine d'années, très souvent inscrits à la diète de plusieurs personnes consultant à l'urgence. Je pourrais longuement vous entretenir des antibiotiques, antidouleurs ou hormones de remplacement, mais j'ai préféré m'attarder sur ceux qui gagneraient à être réévalués dans un contexte de diminution des coûts... et d'amélioration de la santé de la population : benzodiazépines (les pilules «pour les nerfs»), antidépresseurs, antiacides, anti-inflammatoires, anticholestéroméliants (statines) et laxatifs qui forment souvent le noyau de la longue liste d'épicerie que présentent plusieurs patients à leur «ami» pharmacien.

Pratiquer la médecine, ce n'est peut-être pas si compliqué que certains veulent le laisser croire. Il suffit de savoir établir un bon diagnostic et d'élaborer un traitement qui, en principe, peut être relativement simple. J'exerce ce métier depuis seize ans dans des conditions particulières (service des urgences et des soins intensifs) où la majorité des cas peuvent être considérés comme graves. Pourtant, pour soigner toutes ces catégories de malades (cardiologie, pneumologie, neurologie, endocrinologie), j'ai répertorié environ 150 médicaments qui me sont vraiment utiles. C'est bien peu, croyez-moi. De plus, la plupart de ceux-ci sont utilisés depuis plus de 20 ans dans la pharmacologie mondiale, sont efficaces, leurs effets secondaires sont connus et contrôlés... et ils ne sont pas onéreux.

Il n'est pas si simple d'offrir un bon traitement à bon prix. Les 2 070 pages du *Compendium pharmaceutique canadien*, ou *Guide canadien des médicaments (CPS) 2003* (ouvrage qui publie la liste annuelle de monographies des médicaments), présentent plus de 2 500 produits fabriqués par 193 compagnies différentes. C'est un univers fortement concurrentiel où les compagnies se bousculent pour promouvoir les vertus des derniers-nés de leurs laboratoires. Cette industrie génère des milliards de dollars et un médicament qui s'impose (le Viagra, par exemple) assurera la rentabilité de l'entreprise pendant de nombreuses années.

Par contre, les grandes découvertes (les *break true treatment,* comme disent les Anglo-Saxons) sont rares. Au cours des dernières années, la trithérapie contre le sida, certaines chimiothérapies pour le cancer et la leucémie, certains médicaments antirejet dans le cas de greffes, des produits révolutionnaires pour traiter l'infarctus du myocarde, les inhibiteurs de l'angiotensine dans les cas d'hypertension, les statines contre le cholestérol et quelques autres ont effectué des percées appréciables dans le traitement de certaines maladies graves.

La grande majorité des «nouveaux» médicaments mis sur le marché ne sont que des copies des originaux, des clones stratégiquement et statistiquement présentés comme des versions revues et améliorées, mais dont les effets secondaires et l'interaction avec d'autres médicaments n'ont été évalués que cliniquement, sans pour autant avoir passé l'épreuve du temps.

Un article récemment publié dans le prestigieux *New England Journal of Medecine* a précisé que l'immense majorité des études cliniques sur l'efficacité des nouveaux médicaments en Amérique du Nord ne permettent pas aux chercheurs de faire efficacement leur travail d'évaluation. «Nous avons décelé des problèmes sérieux quant à la sécurité des médicaments», y déclare le docteur Kevin Schulman, professeur à l'Université Dukes et principal auteur de l'étude.

On se rappellera d'ailleurs certains médicaments récemment retirés du marché : le Baycol, contre le cholestérol, causait des hépatites mortelles quand il était associé à d'autres médicaments; le Redux, médicament favorisant la perte de poids, et qui causait une hypertension pulmonaire irréversible et mortelle. Un confrère m'a même raconté que la mise en marché du Redux avait tellement bien été orchestrée qu'un patient obèse, malgré les risques encourus, insistait pour continuer le traitement : «Je veux continuer, ça me permet de manger tout ce que j'aime, de la poutine, du gâteau, des chips... et de continuer à maigrir!» C'est bien ça le problème : proposer la pilule miracle, alors que cela pourrait être réglé naturellement en acceptant d'affronter «le mal nécessaire» : régime, privation et exercice.

Mais la situation peut être plus perverse encore : créer la maladie dont on inventera le traitement! Récemment, le *British Medical Journal* a accusé certaine firmes pharmaceutiques d'avoir créé «l'impuissance ou dysfonction sexuelle féminine», dans le seul but d'ouvrir un nouveau front du marché pour un médicament déjà existant et fort lucratif servant à traiter la dysfonction érectile chez l'homme. La revue accuse la firme de publiciser des statistiques pour le moins douteuses («ces dysfonctions sexuelles affecteraient plus de 43 % des femmes»). C'est une toute nouvelle pratique de médicaliser le moindre problème sexuel en imposant des normes comportementales aléatoires et de faire croire que tout écart constitue une pathologie traitable par médication.

Les compagnies pharmaceutiques dépensent des sommes faramineuses pour orchestrer de vastes campagnes de publicité et de lobbying afin de promouvoir de nouveaux médicaments qui souvent ne sont pas plus efficaces que ceux déjà existants. Un fait demeure, c'est dans cette compulsive manipulation de molécules que certains médicaments sont devenus célèbres à cause de... leurs effets secondaires. Le Viagra est né d'une recherche sur un médicament qui devait traiter les angineux. Le Rogaine, qui devait agir sur l'hypertension, favorise... la repousse des cheveux. Le Zyban est bien plus utile pour aider les fumeurs à cesser de fumer que comme antidépresseur.

Toute cette publicité est destinée aux médecins et aux pharmaciens avant même le grand public. Le lobbying politique constitue un autre facteur non négligeable; ces entreprises ont un poids économique fabuleux, et des milliards de dollars sont en jeu. Ce lobby vise spécifiquement l'obtention de brevets, l'approbation de nouveaux médicaments et, bien sûr, leur inscription sur l'importante liste des médicaments remboursés par l'assurance-médicaments!

Les médecins ne sont pas tenus de prescrire tel médicament plutôt que tel autre, mais la nature humaine est ainsi faite que l'on remarque que certains ont tendance à privilégier le médicament – même plus cher – de la compagnie qui a le mieux su «vendre» son produit : invitation à des conférences-repas, congrès à l'extérieur, tournois de golf, centres de ski, stations balnéaires, etc.

Dernièrement, la respectée revue médicale *The Lancet* publiait une étude démontrant que même la publicité des revues médicales peut être inexacte et potentiellement dangereuse pour les médecins. L'industrie pharmaceutique utilise de plus en plus de références bibliographiques susceptibles d'endosser ses produits ; ces références leur permettent de publiciser l'efficacité, la sécurité, la commodité et le coût avantageux de ces produits. Le docteur Pieto de la Chaire d'étude en santé de l'école de Valence, en Espagne, et le docteur Fletcher de Harvard insistent : «Les médecins devraient être prudents et critiques dans l'évaluation de l'efficacité d'un médicament dont la publicité dit qu'il est plus efficace, plus sûr et plus pratique qu'un autre.»

Depuis peu, même le grand public n'échappe plus à ce harcèlement publicitaire. On va jusqu'à publier les résultats préliminaires de certaines études dans certains médias, dans le seul et unique but de créer l'intérêt, de susciter une demande et de faire monter les cotes en bourse. Voilà une technique tout à fait immorale, car elle crée des attentes incroyables chez des malades souffrant de maladies incurables. Il y a peu de temps, de telles fuites programmées ont parlé de «grands espoirs» dans le cas de maladies comme l'Alzheimer, la sclérose en plaques ou le sida. Les patients demandent même parfois à leur médecin des médicaments qui ne sont pas sur le marché ou qui n'ont pas encore fait l'objet d'études sérieuses. Et étonnamment, quand ils deviennent disponibles, ce ne sont pas les moins coûteux des produits.

Au Québec, nous sommes de très grands consommateurs de médicaments. Regardons rapidement certains de ceux qui figurent le plus souvent au *top ten* de nos pharmacies personnelles.

Les diazépines

Communément appelée benzo, la célèbre famille des «petites pilules pour les nerfs ou pour dormir» se compose des Ativan, Dalmane, Librium, Mogadon, Restoril, Rivitril, Sérax, Valium et Xanax.

Consommation québécoise : 178 millions de comprimés en 2002, soit une moyenne d'environ 36 comprimés pour chaque Québécois adulte. Coût global : 46 millions de dollars.

Avant d'entreprendre l'évaluation de ce type de médication, regardons quelques cas susceptibles, dès le départ, de nous éclairer quant aux éventuels effets secondaires de cette consommation.

Le cas Tremblay :

Mme Tremblay, 79 ans, s'est fracturé la hanche après une mauvaise chute dans sa salle de bains. La chute a été causée par une période de confusion brève provoquée par un anxiolytique de type benzo prescrit trois jours plus tôt. Risque opératoire, dû à son âge, de 25 %, hospitalisation de six semaines, coût total : plus de 50 000 $. Heureusement, pas de séquelles sinon que madame n'a pu passer le temps des Fêtes avec ses petits-enfants.

Le cas Gosselin :

Cet homme de 83 ans souffre de démence de type Alzheimer. Il nous est référé par les services débordés du foyer où il habite. Il est nerveux, agité et son médecin n'arrive plus à le contrôler malgré des doses massives de benzo (quatre à cinq comprimés par jour), sans compter assez d'antipsychotiques pour faire dormir n'importe qui durant une semaine. Tous les tests sont normaux, mais pendant deux jours le patient, en contention sur sa civière, se débat jusqu'à épuisement total.

Puis, vers la fin de l'avant-midi, Gisèle, une bénévole, qui passait près de lui, lui demande s'il désire une menthe blanche qu'elle dépose eucharistiquement sur sa langue... et la conversation s'engage. M. Gosselin retrouve le calme et nous pouvons lui retirer les contentions. C'est une erreur fréquente de surmédicamenter les personnes âgées, surtout celles souffrant de maladies neurologiques dégénératives. Même ces gens-là souffrent surtout de solitude, et aucune pilule ne remplacera jamais un peu d'attention et de chaleur humaine. Coût de l'opération : 3 000 $... la menthe était gratuite !

Le cas Jessica :

Vingt et un ans, tentative de suicide par intoxication médicamenteuse. Jessica a donné naissance à sa fille, il y a trois mois. Elle était déjà dépressive après la désertion de son amoureux... et père de la fillette. Le *post-partum* n'a fait qu'accentuer son état et le médecin lui a prescrit des benzos pour l'aider à dormir et la soulager de ses crises d'angoisse. La molécule a bien opéré... trop bien même, au point où la mort elle-même ne lui a plus paru anxiogène et que Jessica a bouffé les 30 comprimés qui lui restaient, accompagnés d'une dizaine de cachets d'acétaminophène, le tout arrosé d'une bouteille de vin.

Coma profond, activités de réanimation, ventilation mécanique, antidotes spécifiques. Jessica sera chanceuse : trois jours aux soins intensifs, six autres aux unités de soins et aucune séquelle. Coût approximatif : 15 000 $.

Le cas de Jessica constitue un cas type de nos urgences. Au moins 75 % des tentatives de suicide se font aux benzos, selon mon expérience. Car c'est maintenant démontré, hors de tout doute : paradoxalement, ces médicaments qui diminuent l'anxiété peuvent accentuer les symptômes dépressifs et favoriser les pulsions suicidaires.

Le *Compendium pharmaceutique canadien* les classe dans la catégorie «Hypnotiques et sédatifs»; ce ne sont donc pas d'inoffensives petites pilules pour les nerfs. Elles créent des léthargies, des dimunitions des réflexes, de la somnolence, un manque d'énergie et parfois même de la fatigue chronique. Le sommeil qu'elles procurent n'est ni profond ni véritablement réparateur.

Un fait est incontestable : on prescrit ce type de médicament avec une insouciance et une légèreté hallucinante ! Il serait du moins à proscrire totalement dans le cas des patients dépressifs, car il est reconnu qu'il ne peut qu'aggraver leur situation tant il risque de les rendre nonchalants surtout face à leur propre mort. Il est reconnu que chez les grands dépressifs, c'est précisément l'anxiété face à la mort qui constitue le dernier mécanisme de défense contre l'éventualité de la solution suicidaire.

Dans plusieurs foyers ou centres d'accueil, les petites pilules pour les nerfs ont depuis longtemps remplacé la tisane et le lait chaud au miel. On les utilise comme somnifères... c'est tellement pas de trouble un vieux qui dort et puis, pendant ce temps-là, il ne s'ennuie pas et il oublie sa solitude. Des études sur le sommeil ont clairement démontré que le nombre d'heures nécessaires au bien-être diminue avec l'âge et qu'à 70 ans, cinq heures suffisent, surtout si on pratique la petite sieste de l'après-midi. Un ativan ou un valium pourra doubler ce temps de sommeil, sans pour autant que celui-ci en soit un de grande qualité.

Finalement, ce type d'anxiolitique crée une très forte dépendance qui peut même se manifester après seulement une semaine de consommation. Ainsi, le sevrage de ce médicament peut être délicat et devra s'échelonner sur quelques mois afin d'éviter au patient des symptômes tels les tremblements, l'anxiété, l'insomnie de rebond, les vomissements et même des convulsions et des hallucinations.

Pour toutes ces raisons, les médecins devraient prescrire avec vigilance et parcimonie de telles substances, car elles ne devraient être prises qu'exceptionnellement et sur de courtes périodes. Nous avons beau vivre une époque où la vitesse semble devenir le dénominateur commun de nos actions et de nos comportements, malheureusement les problèmes anxieux et affectifs demandent du temps pour bien guérir. Certains thérapeutes croient qu'il nous faut vivre ces moments de souffrance psychologique, qu'il ne sert à rien de vouloir les anesthésier à tout prix, car ils font partie intégrante même du processus de guérison.

Accepter de souffrir pour guérir, y voir encore «un mal nécessaire», voilà qui n'est certes pas facilement compatible avec les valeurs de notre société moderne où souffrir n'est pas à la mode. Mais cela demeure irréfutable : neutraliser chimiquement l'anxiété, le stress, la souffrance morale, ce n'est que remettre à plus tard notre réelle et définitive délivrance, car tôt ou tard les démons ressurgiront pour réclamer leur dû. Stress et anxiété, ainsi que la confrontation avec certaines émotions fondamentales, ce ne sont pas là des éléments néfastes pour notre évolution ; ils font même partie de notre croissance personnelle. Pourquoi donc vouloir à tout coup les faire taire et nier les larmes et la tristesse ?

Certains patients me sont reconnaissants de leur rappeler que les épreuves et le désarroi temporaire qu'elles génèrent sont des facteurs normaux et même nécessaires de notre vie. D'autres, malheureusement plus nombreux, me regardent comme si j'étais sadique, cruel et incapable de comprendre leur état.

Nous ne sommes pas des endormeurs de souffrance, d'ailleurs il n'existe aucune pilule ayant les vertus magiques d'effacer le passé et d'embellir l'avenir. Mieux encore, certains neuro-psychiatres croient même que les glandes lacrymales sécrètent une hormone du type sérotonine qui diminuerait les effets déphaseurs de la tristesse. Qui d'ailleurs ne s'est jamais senti beaucoup mieux après une bonne crise de larmes ? La très grande majorité des personnes traversant des périodes stressantes provoquées par des ruptures amoureuses, des conflits familiaux, des deuils ou des traumatismes divers ont toutes les ressources physiques et psychologiques naturelles pour passer à travers ces moments difficiles sans avoir recours à quelque béquille chimique. Le docteur David Servan

Shreiber, dans son livre *Guérir le stress, l'anxiété et la dépression sans médicaments ni psychanalyse*, propose une série de conseils pratiques, d'outils et de méthodes pour arriver à se sortir de périodes difficiles.

Mais il existe une autre réalité : les benzos constituent une industrie fort lucrative. Ces petites pilules multicolores, dont le prix à l'unité varie de 0,23 $ (Ativan) à 0,58 $ (Rivotril), se sont vendues pour un total de 46 millions de dollars, en 2002. Cela ne tient pas compte des coûts reliés au traitement de tous les effets secondaires engendrés par cette consommation : on peut penser à quelques centaines de millions.

Certains médecins ont la main bien légère quand vient le temps de prescrire ce type de médicament. Beaucoup rejettent la faute sur le patient « qui est tellement insistant ». Notre responsabilité pourtant consiste à améliorer la condition de ces personnes, et refuser de prescrire un médicament inutile, voire dangereux, est un geste plus professionnel malgré les éventuelles récriminations de la personne qui consulte.

Les antidépresseurs

Consommation québécoise : 172,5 millions de comprimés en 2002, soit une moyenne d'environ 35 comprimés pour chaque Québécois adulte. Coût global : 214,5 millions de dollars.

La dépression est une maladie sérieuse, grave et parfois complexe à diagnostiquer. Les symptômes les plus fréquents en sont la douleur morale, la culpabilité, la diminution d'énergie accompagnée de certains signes physiques : perte d'appétit, de poids, du sommeil, de la libido, difficultés de concentration et troubles de la mémoire. Lorsque la dépression devient profonde, elle peut s'accompagner d'hallucinations visuelles et auditives ainsi que de délires.

La dépression s'exprimant différemment chez ses victimes et celles-ci en rendant compte non moins différemment, le médecin doit faire preuve de beaucoup de flair pour arriver à un diagnostic précis. Comme il n'existe pas de tests sanguins pour établir la présence de la maladie, le médecin doit démontrer beaucoup de circonspection afin de ne pas confondre les déprimés sévères et les cas plus mineurs. Toute son évaluation s'appuie sur sa communication, son dialogue avec le patient. Voilà qui, en santé mentale, fait de l'art du diagnostic la pierre d'assise de la pratique.

Personne n'est à l'abri de la dépression. On considère que 3 % à 4 % de la population est touchée, un jour ou l'autre, par cette maladie. Chez les adolescents, elle mène souvent au suicide, deuxième cause de mortalité après les accidents de la route. Chez les vieillards placés en institution, des études ont démontré que plus de 40 % souffrent de symptômes dépressifs.

Plusieurs facteurs sont susceptibles de contribuer à la dépression. L'incidence génétique demeure, statistiquement, la plus facile à dépister : 30 % des enfants de parents maniaco-dépressifs risquent de développer la maladie. Mais le milieu familial, social, les facteurs stressants, les deuils, les ruptures, les divers échecs de la vie sont également des facteurs contributifs à la maladie.

Sur le plan plus scientifique, la diminution de concentration d'une hormone cérébrale, la sérotonine, conditionnerait la personne vers des humeurs dépressives. Or, il est intéressant de constater que la consommation chronique d'alcool et de drogues, principalement la marijuana, le haschich, l'ectasy, la cocaïne et le crack, diminue de façon appréciable la production de sérotonine. Plusieurs médicaments peuvent également augmenter les risques de dépression : les benzodiazépines, on l'a vu, mais également les médicaments cariosélectifs tels les bétabloquants et des maladies associées telle l'hypothyroïdie.

Les meilleurs résultats dans le traitement de la dépression sont obtenus chez les patients qui cessent toute consommation d'alcool et de drogue et associent un suivi psychothérapeutique à la prise d'antidépresseurs. La durée du traitement est variable selon les individus et peut aller de quelques mois à quelques années.

On connaît les vertus de différents types de psychothérapie (prise de conscience, évaluation de nos relations, identification de nos forces et faiblesses, confrontation avec nos véritables lieux d'angoisse et de souffrance, etc.); elles constituent avant tout une acceptation de notre état ainsi qu'une volonté d'en affronter les causes profondes et réelles sans tout déléguer aux vertus pseudo-magiques des médicaments.

Par contre, sur le plan financier, cette démarche est onéreuse et peut durer plusieurs mois. Elle n'est que très rarement remboursée par l'assurance-maladie ou les programmes personnels; ceux-ci n'accepteront de rembourser une partie du traitement « seulement et seulement si » le patient est également sous médication antidépressive.

Si ces médicaments, qui agissent en augmentant la concentration d'hormones telle la sérotonine, ont des effets bénéfiques sur l'humeur du patient (après quelques semaines et un ajustement du dosage), ils ont des effets secondaires qui, dans certains cas, peuvent devenir des facteurs limitants : somnolence, fatigue, nausées, sécheresse bucale, gain de poids, maux de tête, troubles sexuels, tremblements et étourdissements. Il faut alors trouver la catégorie qui présente le moins d'inconvénients, inconvénients qui peuvent parfois forcer l'arrêt du traitement.

Une nouvelle catégorie a fait une entrée fracassante sur le marché, il y a une dizaine d'années, et a bouleversé la thérapeutique de la dépression : on les nomme ISRS, soit les inhibiteurs spécifiques de la recaptation de la sérotonine. Dans le jargon populaire, on les a qualifiés de «pilules du bonheur». Le Prozac demeure, encore aujourd'hui, la marque la plus connue, mais il y a aussi, dans cette même famille, le Celeza, le Luvox, le Paxil, le Zoloft et l'Effexor.

Là encore, à mon avis, on les prescrit bien trop facilement, et souvent en association avec des «benzos». On les suggère maintenant pour pallier toutes sortes de situations : phobies, troubles paniques, obsessions compulsives, états de stress posttraumatique, burn-out... ils sont même à l'étude pour réduire les états de mauvaise humeur liés au syndrome prémenstruel chez la femme ! Étonnant de voir où on peut en arriver avec une petite pilule savante et un bon plan de marketing. On se croirait à Hollywood en train de planifier la sortie d'une mégaproduction... mais attention, malgré tout le battage publicitaire, il se peut bien que le film soit médiocre !

On insiste beaucoup moins sur ce qui arrive à ces millions de personnes heureuses d'un bonheur purement artificiel et temporaire lorsqu'elles cessent de consommer le produit. Car les effets de dépendance sont énormes et très inconfortables au point de demander un sevrage progressif et sous supervision médicale. La situation est peut-être, là encore, plus alarmante dans le cas des personnes âgées.

Le cas de Mme Lapierre :

Bien qu'elle soit arrivée en ambulance, le cas de cette dame de 84 ans ne présente rien d'alarmant : fatigue, étourdissements et constipation. Rien de plus probable que les effets secondaires de ses médicaments dont le menu quotidien compte plus de 20 pilules dont du Zoloft (antidépresseur de type ISRS), de l'Ativan (benzo de type anxiolitique) et du Sérax (un autre benzo de type hypnotique). Ayant été toute sa vie active et sociale, elle a été placée, «pour sa propre sécurité», il y a deux ans dans une résidence urbaine. Elle et son mari, avant son décès, vivaient dans une petite maison de campagne au fond d'un rang.

Mme Lapierre est déracinée, seule, de plus en plus délaissée par ses six enfants et treize petits-enfants. Le médecin a contré sa solitude, son désarroi et sa nouvelle dépendance par un cocktail de pilules multicolores malheureusement susceptibles d'empirer son état émotif et mental. Ce cas d'accumulation chimique du bonheur n'est pas rare et ne fait plus souvent qu'autrement que déclencher une cascade de troubles psychologiques et même physiques chez la personne âgée et vulnérable.

Nous l'avons dit, trop de médecins ont « la prescription légère » quand il s'agit de se débarrasser d'un patient insistant : 28 % d'augmentation du nombre des comprimés entre 2000 et 2002, 35 % d'augmentation des coûts pour la même période !

Étrangement, pour les mêmes 24 mois, aucune augmentation significative du nombre de traitements par psychothérapie. L'explication est lumineuse : les pilules c'est plus facile... puis c'est « gratuit » ! Le coût mensuel d'un traitement par antidépresseurs est en moyenne d'une soixantaine de dollars... payés par la collectivité.

Le traitement par antidépresseurs ne devrait être entrepris qu'à la suite d'un examen psychiatrique approfondi et conjointement avec un suivi en psychothérapie. Une attention toute spéciale devrait être portée aux gens âgés chez qui on néglige bien trop un examen des facteurs sociaux et familiaux liés à leur état dépressif.

Et tellement d'autres !

Il y a tellement d'autres médicaments qui sont prescrits allègrement et dont les coûts contribuent à fragiliser dangereusement notre système d'assurance-médicaments actuel.

Qu'on pense très simplement aux antiacides. Vous utilisez sans doute occasionnellement du Maalox, du Peptomismol ou même des Tumbs « qui transforment l'acidité en eau et qui contiennent du calcium ». Une seconde classe (dite « inhibiteurs de l'histamine »), est utilisée depuis 25 ans avec succès et sans trop d'effets secondaires. Leur coût s'échelonne de 0,17 $ le comprimé (Tagamet)... à 1,22 $ (Zantac). Prescrits, ces médicaments sont couverts par l'assurance.

Mais les dernier-nés (dits « inhibiteurs de pompes à proton – IPP »), très efficaces mais qui devraient être réservés aux cas résistants aux autres traitements, connaissent une croissance exponentielle sur le plan des ventes. Ces médicaments (Losec, Nexium, Pantoloc, Pariet, Prévacid), dont le coût moyen s'établit au Québec à 2,60 $ le comprimé, se sont vendus pour une valeur de près de 250 millions de dollars, en 2002; un chiffre d'affaires cinq fois plus élevé que celui des benzos et dépassant celui des antidépresseurs.

Bien sûr, encore une fois, plusieurs personnes âgées prennent ces médicaments pour des malaises vagues sans diagnostic défini. Dans bien des cas, ils sont prescrits pour contre-balancer les effets secondaires d'autres médicaments (les anti-inflammatoires, par exemple), eux-mêmes plus ou moins justifiés.

Quand on sait que les principales causes de gastrite et d'ulcère sont le tabagisme, l'alcool, une mauvaise alimentation, le stress... et la consommation de certains médicaments, tels les anti-inflammatoires, on ne peut s'empêcher de penser que la PRÉVENTION, une fois de plus, serait une «prescription» moins dommageable et plus économique.

Les anti-inflammatoires sont justement l'un des autres «gros vendeurs» de notre industrie pharmaceutique. On connaissait déjà les anti-inflammatoires non stéroïdiens qui appartiennent à plusieurs classes (dérivés de l'acide acétique, comme le Voltaren ou le Toradol; dérivés de l'acide propionique, comme l'Advil ou l'Anaprox); dérivés de l'acide salicylique comme l'Aspirine; et d'autres tel le Feldene). Ils sont peu coûteux et efficaces... mais ne sont pas dénués d'effets secondaires (atteinte de la fonction rénale et risques de gastrite ou d'ulcères).

Depuis quelques années, une nouvelle classe très «populaire» a vu le jour : les inhibiteurs de la cyclo-oxygénase (Cox-2, pour les spécialistes). Les trois plus connus sont maintenant très très connus, tant on a insisté sur leurs effets quasi miraculeux et sur la rareté des effets secondaires : Célébrex, Viox, Mobicox.

Résultat : des ventes astronomiques : 80 millions de comprimés en 2002, totalisant plus de 122 millions de dollars!

Plusieurs personnes, surtout âgées, dont les douleurs arthritiques étaient auparavant bien contrôlées par des médicaments inoffensifs comme l'acétaminophène (Atasol, Tylenol), sont aujourd'hui des consommateurs de Cox-2 plus coûteux et dont on commence à évaluer les effets secondaires.

Contrairement à la croyance populaire, les douleurs ont tendance à diminuer chez ces personnes avec l'activité physique, alors qu'elles s'accentuent et deviennent chroniques chez celles qui sont inactives. Bref, tous les Cox-2 du monde ne remplaceront pas une certaine dose de gros bon sens : programme de conditionnement adapté, médication au besoin pour contrer périodiquement des douleurs musculaires ou articulaires plus aiguës, des onguents, de la glace suivie de chaleur dans les cas d'entorses, contusions ou étirements. Pas sorcier, vraiment pas sorcier...

Et ça continue!

Que dire de l'utilisation des médicaments contre le cholestérol (du type statines : Lipitor, Zocor, Mévacor et autres) chez les personnes âgées? Le traitement contre les lipides est un traitement PRÉVENTIF. Les complications dues à un haut taux de cholestérol apparaissent après 15-20 ANS D'EXPOSITION... Comment comprendre que l'on prescrive de tels médicaments (encore une fois onéreux et générateurs de graves effets croisés avec d'autres médications) à des personnes de 75-80 ans... alors que c'est l'âge où l'on devrait même cesser un tel traitement?

Finalement, parlons «laxatifs»! En vieillissant, les gens ont tendance à devenir réellement obsédés en ce qui concerne leur régularité intestinale. Bien sûr, le transit de l'intestin est grandement diminué par la sédentarité, la déshydratation, l'alimentation faible en fibres et l'absorption de nombreux médicaments comme le fer, les analgésiques et les antidépresseurs. Aussi, après deux ou trois jours de constipation, commence habituellement la ronde des laxatifs chimiques.

Pourtant, là encore, la prévention réglerait rapidement un problème mineur (diète riche en fibres, bonne hydratation et activité physique) tout en évitant au patient de désagréables effets secondaires (crampes, diminution de l'absorption de certaines vitamines ou médicaments, abaissement du taux de certains électrolytes tel le potassium) et en faisant faire à la collectivité des économies non négligeables. Non, mais qu'est devenu notre bon vieux jus de pruneau?

Sur un air connu

J'ai un sentiment absolu de me répéter. Pourtant, peu importe le volet que nous examinons, si les paroles changent, l'air demeure le même : IL EST VÉRITABLEMENT POSSIBLE D'AMÉLIORER LA SANTÉ DES GENS TOUT EN DIMINUANT LES COÛTS! Tout est question d'information, d'éducation... et de courage.

Revenons, l'espace de quelques lignes, sur le cas de Mme Lapierre. Sa diète quotidienne se compose d'antidépresseurs (Zoloft), de benzos (Ativan et Sérax) d'anti-inflammatoires Cox-2 (Célébrex), d'antiacides de type inhibiteur de la pompe à protons (Pantaloc), d'un médicament anticholestérol... elle a 84 ans (Zocor), d'un laxatif (Colace), de Ténormin, d'Aspirine et d'Altace pour stabiliser le cœur et la tension artérielle.

Eh bien, elle ne devrait conserver que les trois derniers! Tous les autres sont inutiles, se court-circuitent les uns les autres ou sont facilement remplaçables par des solutions de rechange naturelles moins dommageables pour la patiente. Ainsi, Mme Lapierre prendra 13 «petites pilules multicolores» de moins par jour... elle sera en meilleure santé... et les économies seront de 4 586,04 $ chaque année!

J'aimerais bien vous dire que le cas de Mme Lapierre est exceptionnel, mais il reflète malheureusement une situation très répandue chez ce type de clientèle. Imaginez seulement ce que pourrait représenter une telle économie à l'échelle nationale. Imaginez combien de préposés, d'infirmières pourraient être engagés dans les foyers et centres d'accueil de la province. Il y a présentement des vieillards souffrant d'incontinence qui ne reçoivent pas l'attention nécessaire et qui gardent la même couche pendant plus de douze heures, d'autres, très nombreux, qui n'ont droit qu'à un seul bain hebdomadaire. Est-ce qu'un gavage chimique rend ces situations plus acceptables?

Il m'importait de clore ma modeste liste de «propositions» en traitant de cette question qui m'apparaît refléter admirablement bien tous les aspects de l'actuel désarroi du système : urgence d'une meilleure information et conscientisation du public, dépolitisation de certaines situations et décisions, plus grande vigilance quant à la commercialisation galopante de la santé, davantage d'engagement et de conscience sociale et professionnelle de la part de tous les intervenants dont évidemment les médecins qui cèdent parfois facilement à une certaine forme de démission... bref un effort généralisé et surtout... concerté.

Conclusion

Pour la suite du monde

Bref, vous l'aurez compris, les problèmes sont légion... mais les solutions à portée de main, si nous sommes collectivement prêts à conjuguer efforts, concessions et imagination. Le meilleur baromètre pour évaluer cette volonté réelle d'intervention et de changement se situe au niveau de l'amélioration de la qualité de vie des plus démunis. Si nous ne pouvons pas assurer à cette classe de la population des soins adéquats, alors que nous demeurons l'un des peuples choyés de la planète, c'est que nous ne sommes pas vraiment capables d'autocritique et de véritable effort de partage social et humanitaire.

Au cours des dernières années, nous avons assisté à une nette progression de la pauvreté au Canada. On estime qu'il y a plus de 25 000 sans-abri à Vancouver, 50 000 à Toronto et 28 000 à Montréal. Plus de 90 % d'entre eux souffrent de problèmes de santé sévères ; la maladie mentale, l'alcoolisme et la toxicomanie les affligent souvent de concert. Ces personnes n'ont plus la capacité de se prendre en main et d'organiser leur existence sociale, aussi présentent-elles de graves carences même au niveau des besoins de base tels le logement, l'alimentation et l'hygiène.

De nature solitaire et souvent antisociale, les gens atteints de problèmes mentaux n'ont pas la préoccupation de se regrouper, de revendiquer et de défendre leurs droits. Plus souvent qu'autrement, ils n'ont que les urgences des hôpitaux et les organismes communautaires comme seuls recours de dernière instance. Les ressources pour leur venir en aide doivent NÉCESSAIREMENT venir de l'État. Si nous n'arrivons pas, collectivement, à soutenir ces gens qui vivent dans la plus grande détresse, comment pouvons-nous prétendre à une réforme globale et sophistiquée de l'ensemble de notre système de santé ?

Or, actuellement, l'aide des gouvernements n'est que de la poudre aux yeux destinée à anesthésier l'opinion publique et médiatique :

1er août 2003. Deux ténors de nos deux niveaux de gouvernement – la présidente du Conseil du Trésor fédéral et le ministre de la Santé du Québec – annoncent en conférence de presse un budget de 56,7 millions de dollars pour venir en aide aux sans-abri ! Il y aurait là sans doute de quoi se réjouir, de quoi célébrer cette prise de conscience nationale, cette volonté politique de régler un problème grave de notre société, sauf que...

Une rapide analyse de la spectaculaire nouvelle nous rappelle qu'il ne s'agit que du renouvellement d'un programme de subventions existant depuis... 1999. Or, ce montant, apparemment faramineux, n'ayant pas été indexé au coût de la vie, pas plus qu'il ne tient compte de la forte croissance du nombre des sans-abri, correspond à des valeurs moindres qu'en... 1999 ! On n'a peut-être pas non plus assez insisté sur le fait que cette somme était répartie sur trois ans.

Petit exercice comptable : à Montréal, ces 38 millions de dollars pour trois ans redistribués aux 28 000 sans-abri équivalent à une aide directe (et elle ne l'est jamais !) de 1,24 $ par jour pour chaque sans-abri. Bon appétit ! S'agit-il là d'une véritable volonté politique ? Des mendiants au coin des rues des grandes métropoles, il y en aura toujours. Ne nous leurrons pas, il n'y a pas de solution miracle à cette réalité urbaine. Pourtant, de grandes villes ont réussi à enrayer partiellement ce fléau en instaurant des logements sociaux et des chambres supervisées pour cette clientèle et en mettant sur pied des centres de santé ouverts jour et nuit pour les sans-abri en état de crise.

Quand nous nous serons sérieusement attaqués à CE problème, je commencerai à croire que nous sommes sur la voie d'une solution globale.

Je ne veux pas imaginer que nous serions devenus insensibles à nos plus graves problèmes sociaux. Je préfère me dire que la méga-bureaucratie qu'est devenu notre système de santé a fini par «oublier» les êtres humains – aussi bien les malades que ses travailleurs qui sont sa raison d'être.

Mais les faits demeurent, la santé n'apparaît plus à plusieurs que comme une grosse machine constamment remodelée par les petites guerres et les promesses politiciennes, par les lobbyistes des grandes corporations professionnelles et l'intransigeance des super syndicats. Il y a tant d'intérêts personnels dans l'actuelle «gamick» que la soif de pouvoir social et économique en vient à occulter la volonté toute simple de «venir en aide». La situation est telle actuellement qu'il faut se demander ce qui laisse le plus de cicatrices au bénéficiaire : sa maladie ou le véritable affrontement qu'il doit livrer au système pour avoir droit aux soins qu'on lui assure pourtant «gratuits et universels».

Système : «Réunion d'idées et de principes coordonnés de façon à former un tout scientifique et un ensemble de méthodes et de procédés destinés à produire un résultat.»

Il est bon parfois de retourner aux sources lexicales de certains termes de plus en plus galvaudés. Où sont nos **idées**? Où se situe la **coordination**? Où sont passées les **méthodes**? Et surtout, qu'avons-nous fait de ce fameux **résultat**?

Les ratés du supposé système sont si nombreux que le déclin semble déjà véritablement amorcé en ce qui concerne la médecine spécialisée, la santé mentale, la recherche et le soutien aux gens en perte d'autonomie.

Des cas graves sont sans cesse reportés sur d'interminables listes d'attente dites prioritaires… alors qu'un chirurgien opère en moyenne 1,25 journée semaine!

Il est clairement démontré que les répercussions des délais peuvent être graves sinon fatales pour le patient. Dans le cas du cancer du sein, une attente de plus de trois mois entre l'apparition des premiers symptômes et le début du traitement signifie une survie de plus courte durée sur une période de cinq ans (Docteur Richard, dans la revue *The Lancet*).

Et pendant que le temps tue chaque jour de nombreux bénéficiaires en attente de traitement, nos services de santé sont de plus en plus utilisés pour des raisons médicales mineures qui coûtent des dizaines de millions de dollars.

Si l'État veut offrir un système d'assurance-maladie performant et moderne pour tous, il importe de repenser, et à court terme, les assises mêmes du modèle actuel. Je ne suis ni un expert en gestion de la santé ni un économiste, mais je ne suis pas non plus un simple «gérant d'estrade». Mes propositions sont basées sur une réelle expérience du terrain, sur des discussions nombreuses et sérieuses avec d'autres intervenants et sur une recherche consciencieuse sur le sujet.

Le défi est immense… mais non moins immensément passionnant. Il demandera une conscientisation et une collaboration de tous : population, professionnels, politiciens, corporations et syndicats. Mais il exigera surtout de nous tous l'acceptation, encore une fois, d'une certaine part de «mal nécessaire» afin d'arriver à traverser cette période de remise en question et d'action radicale.

À cette condition, et seulement à cette condition, nous pourrons, même dans un avenir pas trop lointain, exporter nos idées, nos compétences et notre science de la santé.

Remerciements

Je tiens ici à exprimer toute ma reconnaissance

aux membres de ma famille pour leur encouragement constant : ma mère Janine, ma sœur Line et mes deux nièces, Amélie et Emmanuelle ;

au docteur Yves Lamontagne, président du Collège des médecins du Québec, pour la générosité de sa lecture et la complicité de sa préface ;

au docteur François Goulet, directeur adjoint au Collège des médecins du Québec, pour l'aide médicale et le support technique ;

à Mireille, Carl et Jacques Croteau de l'imprimerie Invitation Belœil, pour leur aide professionnelle ;

à l'équipe des éditions Québec Amérique :

Normand de Bellefeuille pour sa confiance, ses commentaires et son inestimable talent de correcteur de cet ouvrage ;

Andrée Laprise pour son œil réviseur ;

Michel Joubert, Isabelle Lépine, Anouschka Bouchard et Isabelle Longpré pour la conception matérielle de ce livre ;

et Jacques Fortin, président de Québec Amérique, qui, depuis plus de dix ans, soutient et encourage mes projets.